尼克·胡哲

永不放弃的心　比钻石还珍贵

文　熙◎著

中国华侨出版社

永不放弃的心　比钻石还珍贵

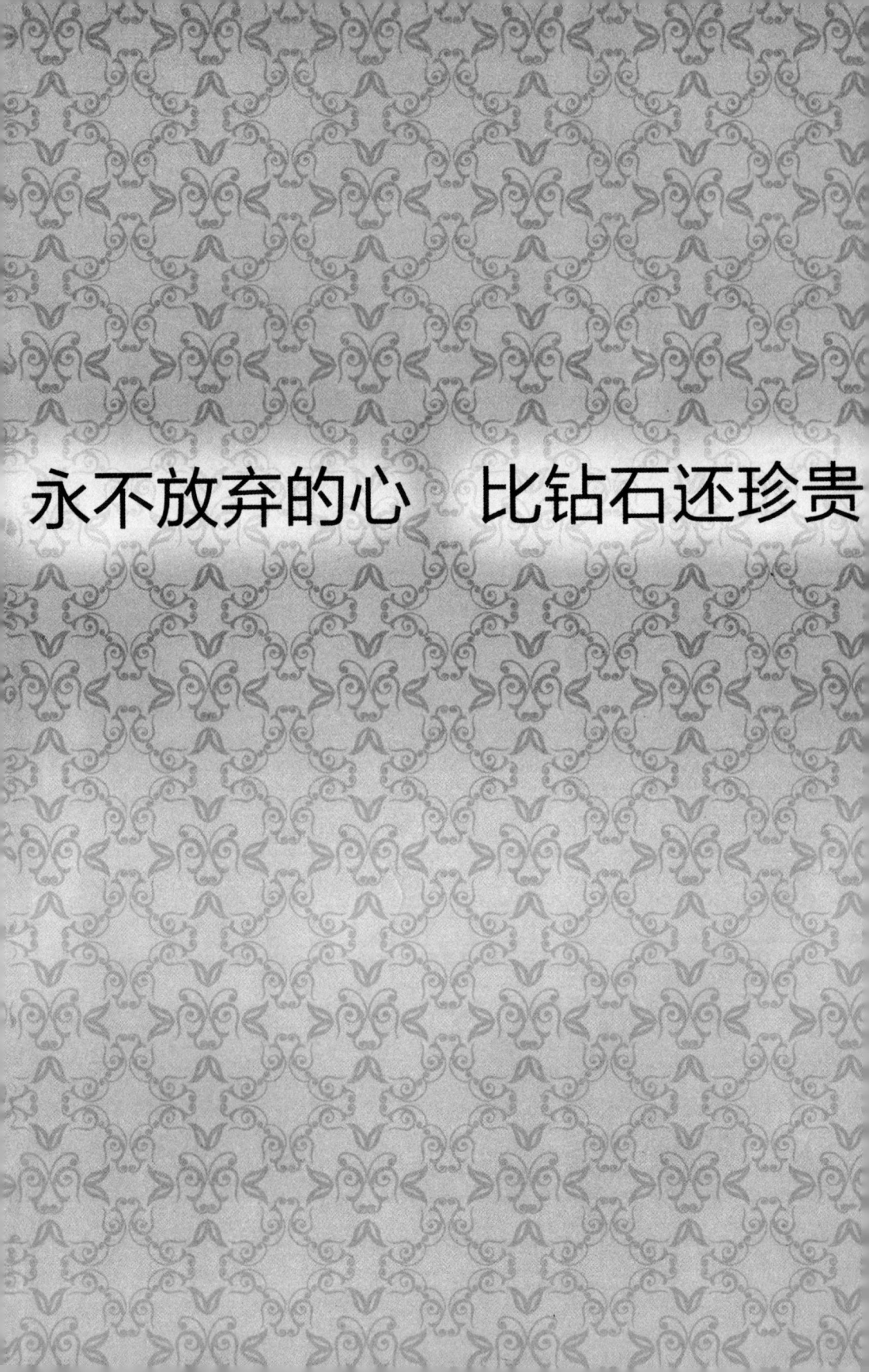

前言

"曾经有一个小男孩瞪大眼睛打量了我很久,最后终于吐出一句:'你总算还有一个头。'"尼克·胡哲经常在他演讲快结束时讲上这样一个小插曲,听起来幽默却有些悲凉。

也许任何人只要看一眼尼克,就会明白为什么小男孩这样说,进而感叹上帝为何要创造出这样的生命:他出生时就没有四肢,只有躯干和头,在左侧臀部以下的位置有一个带着两个脚下指头的小"脚"。就像一尊残破的雕像。

他的模样甚至连他的父母都无法接受,他的父亲刚看到他的模样立马出去呕吐,他的妈妈一直不愿意接受他。直到几个月后,她才接受这样的命运,才敢去抱他,逗他玩耍。

命运是如此残酷,并且毫无理由。他没有四肢,不能走路,不能拿东西,连吃饭、上厕所这些最简单的事情都需要依靠别人。

他曾经绝望至极,把头沉在浴缸的水中,试图淹死自己。在最后一刻,他脑海中浮现出父母哭泣的样子,他又翻过身来,深深地吸了一口气,自语道:"我办不到。"

他曾不只一次地流着泪问上帝:"为什么我生来没手没脚,是我的父母做错了什么吗,还是我前世造了什么孽?"

灵魂深处,他仿佛听到了耶稣的回应:"你的父母没做错什么,也不是你犯了罪,只是上帝要在你的身上显示出特别的作为来!"

终于,一种从未体验过的平静开始弥漫他的心头,他决心重新去认识这个世界。

他很幸运,有一个幸福的家庭,有一对理智且深深爱他的父母。

他想学电脑,父亲就教他打字,他打字的速度每分钟可达 43 个字。他想学游泳,他父亲就把他放入游泳池,后来竟然真的学会了游泳。

数不尽的辛苦锻炼后,他可以自己刷牙、梳头、洗脸、做饭;他也很调皮,喜欢连跑带跳地爬楼梯;喜欢潜水、冲浪,他可以在冲浪板上完成 360 度旋转,他因此登上了《冲浪客》杂志的封面。他没手没脚,可竟然喜欢踢足球,还喜欢打高尔夫球,他喜欢各种各样的运动。

他是基督徒,秉持着坚定的信仰,告诫自己永远不要放弃。他四肢无法健全,却有一副好口才和一个聪明的大脑。他终于变得越来越自信,他做到了绝大多数普通人都无法做到的事。现在的他,是一位全球知名的励志演说家。

他把自己与众不同的人生经历与很多人分享,给所有人坚持下去的力量。多年的磨炼,让他具备了坚韧不拔的内心和丰富的人生阅历。这些精神上的素养弥补了尼克肉体上的缺憾,并帮他取得非凡的成就。

现如今,他已经在全球 30 多个国家发表过超过 1500 场演讲,每年要接到超过 3 万个来自世界各地的邀请。他已经成为世人心目中与命运顽强斗争的象征。

尼克希望自己也有一位女朋友,他说:"我深信神会预备,所以我等待一个合适的女孩子,在合适的时候出现。她一定会是爱神派来的,爱我多过爱她自己的好妻子。"然而尼克他因自己的身体也毫无自信过:"我连牵着妻子的手都没有,我怎么敢奢求结婚?"

2010年,年近30岁的尼克·胡哲终于如愿以偿。在一次演讲时,他认识了日裔美女宫原佳苗,并且一见钟情。经过一年多甜蜜的恋爱之后,2012年2月12日,尼克与妻子在美国加利福尼亚举行了婚礼。婚礼上,他深情地对妻子说:"我虽然无法牵着你的手,但我会一生握着你的心。"

他们选择在夏威夷度过自己的蜜月,在美丽的海滩上,尼克用自己的肩、颈和下颌控制相机为妻子拍下美丽的照片,黄昏时两人一起品鸡尾酒,他们和其他新婚夫妇一样浪漫甜蜜……

一个一出生就遭受不公命运,一个曾三次因为绝望欲死的人,一个经受过太多苦难的孩子,平静地接受了自身的"独特",凭借自己对爱的信仰超乎常人地活着,他与每个人分享自己对生命的热爱,帮助许许多多的人克服生命中的挣扎与无奈。

这就是尼克·胡哲,他的一生似乎是在证明自己的存在,他用无法正常行走、却存在于内心的一双脚,证明了他存在的真理;他用没有双手的身体书写了一段段励志的名言;他没有手臂,却用无限宽阔的胸怀拥抱了全人类!

目录
CONTENTS

Part 01　我的命运观：
上天关上一道门，就会打开一扇窗

003　不是所有的问题都有答案

006　试一试，惊喜无处不在

009　打破限制，世界更精彩

012　从正面的角度诠释负面事件

015　我有一对了不起的父母

018　拯救你的，只有真实的自己

021　面对内心的痛苦，找寻快乐

024　我的故事也许能给你希望

027　与失败友好相处，始终热爱生命

031　信念在左，目标在右

Part 02　我的成长观：
命运把你推倒，你要自己学会爬起来

037　任何一种成功都需要磨砺

040　给自己最好的人生定位

044　不断尝试，活着就有希望

047　坚持信念，把握生活的艺术

051　世界只给那些有目标的人让路

054　祈求上帝帮助的同时，要行动起来

057　永远不要遗忘自己的价值和信念

060　当你想放弃梦想时，告诉自己多撑一天

063　将视线从困境转移到无限可能的未来中

066　坚守信念，会带给你穿越黑暗的力量

069　上天会安排最好的结局

Part / 03　**我的性格观：**
　　　　　当我们一无所有的时候，我们只有希望

075　　幸福，与财富无关

078　　快乐与别人无关，爱上不完美的自己

081　　发挥优势，做自己最擅长的事

084　　最大的欺骗莫过于认为自己不够好

088　　让自己充满爱，这会引领你成功

091　　清除心灵的荆棘，在内心播种希望

095　　充满希望，便有无限可能

098　　真心实意爱独一无二的自己

102　　无须依赖他人，你的自信与生俱来

105　　在行动中创造更美好的世界

Part 04　我的做事观：
认真的人改变自己，执着的人改变命运

111　该追求的时候要毫不犹豫

114　你的态度决定未来高度

117　现在就做，立刻马上

120　每天多做一点儿，就离成功近一点

123　练就做事有条不紊的本领

126　做人要认真但不能较真

129　最短的路并不一定是最快的路

132　不要被完美主义拖住了脚步

135　你必须认真抓住每一次机遇

138　生命的意义在于全心全意地投入

Part / 05　**我的心态观：**
如果不能创造奇迹，那就让自己变成一个奇迹

143　生命是一棵长满可能的树

145　总有一天，总有机会

148　乐观面对生活，死神都会怕你

151　可笑法则——绝对的可笑胜过绝对的无聊

154　不要老想着"如果……怎么办"

157　如果此路不通，前面转个弯就好了

160　遇事不钻牛角尖，积极想办法解决就好

163　该放弃时就要果断放弃

165　换一种心态，你或许也能成就传奇

168　只要路是对的，就不怕走远

Part 06 **我的团队观：**
彼此尊重，彼此平衡，彼此成就

175 为变得更好而协同合作吧

178 你必须懂得"义比金坚"的真正含义

181 不要失信于任何人

184 尊重是深入交往的前提

186 多一份信任，少一点儿猜疑

189 与朋友相处，眼里须能容得进沙子

192 亲爱的朋友，我永远是你坚实的后盾

195 你们必须学会珍惜彼此

198 请给交往留点儿安全距离

Part 07　我的处世观：
家人和朋友会赋予你生活的勇气与热情

205　忘却仇恨，你才能不被仇恨所扰
208　你容得下世界，世界才会容你
210　每个人都能被另一个人所爱
213　善待他人就是善待自己
216　让我用最笨的方式感动你
218　来，给我个拥抱吧
221　爱自己，并拥有爱他人的力量
224　在爱情里，你配得上任何人
227　一起向世界播撒爱的种子吧

Part / 08　我的幸福观：
　　　　让我们在所有的不公平中活出精彩

233　幸福不在于有手有脚

236　为人生制订幸福计划

238　我的美就在于我的"不同"

241　幸福是计较得少，而不是算计得多

244　"如果我有……就会很快乐"是个大骗局

247　豁达的人生很幸福，很美好

249　平常心也是一种人生境界

252　让我们来一起分享幸福吧

255　随时、随性、随缘、随喜

尼克·胡哲 永不放弃的心，比钻石还珍贵

Part 01
我的命运观
上天关上一道门，就会打开一扇窗

尼克·胡哲生来命运多舛，但他却从不抱怨。而是用心去生活，努力让自己快乐。他曾说过，他生成现在的样子，正好能够完成上帝给他的任务，向世人传播快乐、积极的福音。尼克能这样想，并身体力行地去努力了。身体健康的我们，还有什么可抱怨的呢？

不是所有的问题都有答案

1982年12月4日，尼克·胡哲降生在澳洲的一家医院，他是妈妈杜什卡·胡哲与爸爸鲍里斯·胡哲的第一个孩子。这位被爸爸妈妈殷切盼望的孩子一出生，就没有四肢，这引起了父母极大的恐慌、伤心以及躲避，但是这对虔诚的基督徒父母最终还是接纳了他，他们决定不再纠结于为什么上帝会给他们这样的孩子，而是决定给他全部的抚养与照料。

我的宝宝怎么了？

杜什卡·胡哲怀上尼克的时候是25岁，她曾经当过助产士和小儿科护士，知道孕期该注意什么，在超声波产检的时候也没有异常。可是当产后看不到尼克时，她预感到情况不好，问医生："我的宝宝怎么了？"医生回答说："你的宝宝有海豹肢症。"这意味着四肢畸形或四肢不全，杜什卡当时就吓呆了。医护人员把尼克带到杜什卡身边让她抱抱，她说："把他带走，我不想碰他或看到他。"

这种反应是正常的，当你辛苦十月怀胎生下一个残疾的孩子，很多人一时半会都难以接受这个事实，因为相对于正常的孩子来说，四肢皆无的孩子是极其少见的。对母亲来说，她一下子从常规的生活被一个残疾儿子带入一个罕见的、无助的状态。这样的孩子到底意味着什么？我有能力照顾他吗？他能长大吗？长大了他能独立吗？别人会歧视他吗？如果我们走了，他该怎么办？种种的问题接踵而来，无法接应，生活一下子进入了死角，很多父母会在这种情况下选择遗弃孩子。

你会怎么想，如果你遇到这样的境况？

上帝对他有个特别计划

在经过震惊、痛苦、呆滞、哀伤、恐惧以后，包括无数次对上帝的疑问"上帝怎么会让这种事发生"，杜什卡·胡哲与鲍里斯·胡哲决定从这种几乎没有答案的纠结与愁苦里走出来，他们害怕无力照顾这样的孩子，思考过是否放弃尼克，送由别人收养。但是最后，他们相信这个孩子的诞生总有他的理由，决定承担起全力扶养尼克的责任。

感谢尼克父母作出的这个决定，以及此后二十年精心的照料与无条件的爱护，为尼克有机会成为闻名全世界的励志演讲者，成为无数人悲伤、绝望、无助、抑郁中的启明灯与引航人，奠定了基础。

做一个假想，如果人类大多数都是没胳膊没腿的，只有极少数人会出现有手有脚，那么尼克与很多残疾儿的诞生就不是难题，他们都是正常的小孩，因为世界本身就为无手无脚的人类而设计的，而那些突然有手有脚的孩子反而会成为少数派，进入特殊的机构进行研究，或是由于环境不允许而被疏于照料。所以世界主要是为大多数人准备的，却给少数派造就了巨大的障碍与难题。相对于四肢俱全，明眼人，有听觉的人，交流顺畅的人，异性恋等，四肢全无，盲人，聋人，智力障碍，孤独症，同性恋就成了少数派，面临着融入这个主流世界的种种困难与挑战。

在这个障碍前，尼克的父母选择了不放弃，没有因为成为少数派的父母而放弃，而是从容地相信，"上帝对他有个特别计划"，每位小生命都值得去爱。这种无条件的爱护，不是基于你健不健康，听不听话，符不符合目前大多数人的价值观与衡量标准，而是确定你值不值得爱。这种无条件的爱，仅仅基于你是一个生命，是降生在这个家庭的生命，每一个生命，都是宝贵而平等的，都值得去爱。

尼克·胡哲经典语录：

"人生的遭遇难以控制，有些事情不是你的错，也不是你可以阻止的。你能选择的不是放弃，而是继续努力争取更好的生活。我希望你知道，不是所有的问题都有答案，事情发生总有理由，而最后，结果会是好的。"

尼克·胡哲私人秘籍：

艰苦难熬的时光和困境会引发自我怀疑和绝望，这点我非常了解。我们常常觉得人生真不公平，然而《圣经》中《雅各书》第1章第2节上说："你们落在百般试炼中，都要以为大喜乐。"那是我挣扎了许多年想学会的功课，最后我终于弄懂了，而且我的经验可以帮助你了解到，每个人经历的苦难，大部分都提供了机会，让我们探索人生目的，并以珍贵的天赋嘉惠他人。

试一试，惊喜无处不在

在尼克·胡哲的成长过程中，尼克的父母充满了惊吓，只有躯干的尼克，是个到处滚动与冲撞的小家伙。对于父母来讲，没人告诉他们如何照顾这样的婴儿，抚养尼克，像是在黑暗的隧道里摸索，经历着种种挑战，有凄凉无望的时候，但是只要继续前行，也会有充满惊喜的时候。

可爱的小左脚

童年的尼克是个英勇无畏的冒险家，不管三七二十一，在房间里到处滚动。很快，他就发现他身上最好用的，当数他那只小小的左脚了，通过小左脚，他能够滚、踢、推，还能撑住自己。最重要的，那对小左脚上有两个趾头，虽然粘在一起，但是尼克的父母决定动个小手术将其分开，这样他们可以当指头来用，可以翻页、握笔，果然，手术后大有用处。两岁半的时候，小尼克可以操控他的第一部遥控车了，现在尼克能一分钟打 43 个字，尼克还用小左脚操作电脑、智能手机和自己的特制轮椅！

很多热爱尼克的人们，同样热爱他的小左脚，因为尼克用他的小左脚，走遍了世界二十多个国家的学校、体育馆、孤儿院、会场，给全世界需要希望与信念的人都带来了惊喜。

对懵懂无知的小尼克来讲，世界就是个冒险乐园。无知者无畏，他只是通过本能，学着去尝试，自主地开发自己的潜能，并学会了跌倒了用头顶着地面再站起来。对尼克的父母来讲，除了尽量保护他，给他提供更便利的环境，他们利用成年人的经验，帮助小尼克仅有的两个脚指头开发出更多的使用功能。

也许你的状态很糟糕，也许相比较而言，你拥有的确实比别人少了很多，可是生活还要继续，就像呼吸仍在继续一样。当你活着，你除了一遍又一遍地陷在自己堆积的问题里，你还要继续做点什么不是吗？孩童的好处，是他的本能促使他去行动，而成年人的悲哀在于，用大量的经验主义的分析比较。悲情主义的吐槽，限制了自己的行动，他不像孩童，有一种无畏行动的本能，哪怕动作不会太漂亮，哪怕摔个跤，但是越是行动，就越能找到解决方案不是吗？在跌跌撞撞中，尼克把他的小左脚发挥得淋漓尽致。那么，你的"小左脚"呢？你拥有的宝贝呢？你能把注意力从问题转移到你拥有的东西上吗？用你的才华、精力，无畏地行动起来，创造你独到的人生。

像尼克一样游泳

当尼克还是个婴儿时，尼克的父母怕他因为没手没脚在水里会浮不起来，爸爸在浴缸中帮他洗澡的时候，会把他托起来，教他憋气，慢慢地尼克发现只要在肺里保留一点空气，他也能浮起来，而且他会用唯一的小左脚作推进器，游得可快呢。以至于后来尼克一看到水就要扑进去，成了游泳狂，后来他还会跳水，潜水，玩滑板，非常了不起！

丹尼尔，是尼克演讲中认识的一个小男孩，同样没手没脚，他的父母以尼克为榜样，坚定了照料丹尼尔的决心与希望。尼克的父母也给丹尼尔的父母提供了很多的指导与帮助。丹尼尔开始学讲话时，最先说出的就是"像尼克一样游泳",尼克激动得不行,想不到没手没脚的他终于可以帮助到别人,成了别人的奇迹。

这个世界,确实是为大部分有手有脚的人设计的,但并不意味着没手没脚的人就无法享受一样的快乐,只要你有探索的信心。像尼克父母一样,从担心到教会尼克憋气,惊喜就是这样,在你没有预感的时候发生了,原先头脑中认为不可逾越的障碍,在各种尝试下,居然就超越了。所以,如果在经验主义的世界里遇到了阻碍,与其坐在那里胡思乱想,唉声叹气,用一个想法替代另一个想法,不如真正"下水"试一试,相对于与头脑里的各种想法作斗争,试一试,也许会别有一番天地。

实践是检验真理的唯一标准,生命的真理,并不是停滞在思考的层面,而是活跃在行动的层面。宇宙中的各种奇异的生命都在争相绽放的同时,你也需要用行动来绽放你的光彩。

尼克·胡哲经典语录:

"我的天真无知在那个年纪真是个福气。我并不知道自己跟别人不同,也不知道人生路上有各种挑战等着我,我甚至不认为我们会被赋予处理不来的事。我向你保证,每一个你自认无能为力之处,其实都有祝福,里头有着足够的能力,带你迎接挑战。上帝为我配备了惊人的决心与其他恩赐,很快地,我证明即使没有手脚,我依然行动敏捷,并具备良好的协调性。"

尼克·胡哲私人秘籍:

人类的推理能力可以是个祝福,也可以是个诅咒。你可能也像我父母一样，想到未来就苦恼、发愁。不过，事情通常不会如我们想象的严重。未雨绸缪没什么不好，但你要知道，最可怕的梦魇可能变成最棒的惊喜，人生很多事的最后结果经常是美好的。

打破限制，世界更精彩

当尼克·胡哲步入学步期时，尼克的父母认为任何一个孩子不应该被限制在某个少数人的团体里，他们认为尼克应该和大部分普通孩子一起玩、一起学习，而不是由于生理上的不同，与世界隔绝，变成封闭的、害羞的、无法行动的人。尼克的父母成功了，尼克成为当时澳大利亚第一批进入主流学校就读的身障学童之一。

你只不过少了某些小零件而已

尼克的妈妈经常和小尼克说："尼克，你要和普通小孩一起玩，因为你就是个正常的孩子，只不过少了某些小零件而已。"即使当医疗团队建议尼克的父母让他跟其他有"身心障碍"的小孩一起玩，尼克的父母仍然认为不合适，孩子不应该受到人为的限制，世界是属于所有人的，既包括多数普通人，也包括少数特殊人，他们的孩子应该和别人一样，在更广阔的世界里历练。

尼克的父母从小就开始培养尼克的观念，不要因为被贴上残疾的标签后，就自我限制进一个封闭的世界。你也一样，有没有被贴上分类或限制的标签？因为这样的标签无处不在，性别，学历，年龄，出身，甚至相貌、口音、身高与体重，都会被分门别类。你可以让这样的标签限制了你，也可以超越这样的限制，过着更有活力的生活。

这个世界为了管理的方便，经常用标签把人们分成三六九等，大家也习惯于在标签里生活与交际，尽管有时这种标签虽然方便，却限制了活动范围与空间。尼克的父母认为，凡是生命均为平等，均有无限发展的可能。他们打破医疗团队的想当然，给了尼克一个更广阔的空间，虽然不乏风险，但正是这种冒险，使尼克有了走向全世界的可能。

我们也许很少在大街上看见残疾人，他们只限于在各个专属机构里活动，或是索性关在家里，这确实是"安全"了，但也封闭了。每个生命都有自己专属的才华和禀赋，但是有些人，却因为自我封闭，而限制了自己的成长与发挥，远离了更有激情与光彩的人生之路。

行动带来回应

当尼克·胡哲进入上小学年纪，父母努力去游说四方，让他不被排除在一般教育之外。由于他们坚定不屈的信念，尼克成为澳大利亚第一批进入主流学校就读的身障儿童之一。

当尼克的父母四处游说，争取尼克进入学校时，这难道仅仅因为人生而平等吗？看这之后引起的连锁效应吧！后来尼克的优异成绩引起了媒体的关注，他和妹妹一起坐在轮椅上的大照片被刊登出来，标题是"融入主流，身障儿大放异彩"，很快政府部门也来视察了，慈善机构也来捐款了。尼克一家获得的资助可以使尼克使用电动特制轮椅了，这是多么好的雪中送炭啊！如果没有父母坚持让他上主流学校，如果没有尼克本人的努力和乐观，也许，尼克就和很多残疾人一样，被框在他们的独属专区里自生自灭，主流世界的资源怎么可能向尼克倾斜呢？

尼克每往前走一步，都在打破人们心目中僵固的旧框框，尼克能做这个，尼克能做那个。一定要万事俱备才能拥有幸福美满的生活吗？不是的，幸福美满不在你自以为是的思想里，也不在房子票子车子里，而在于你是否跳出你的框框，是否能努力不放弃地去活，去认真地不辜负地活着，幸福是这样活出来的，不是想出来的。

当你努力试着去做时，你会激发你全身的能量，你会吸引身边的资源，你会逐步培养自己的能力，你会发现你的兴趣，你会将信念逐步转化成行动，并用行动继续坚固你的信念，你将远离负面的思想，将走向正面的行动，而每一次行动，都将一个更好的自己推进。看看尼克的今天你就知道了，如果尼克一直躲在自己无手无脚的阴影里自悲自怜的话，怎么会有如此绝妙的人生体验和你分享呢？

尼克·胡哲经典语录：

"标签可以提供诱人的藏身之处，有些人拿来当作借口，但也有人超越了它们。有许多人被贴上'身障者'或'失能者'的标签，却能够超越别人认为他们应该有的限制，过着充满活力的生活，从事重要工作。所以我鼓励你打破人生的任何限制，尽情探索并发展你的天赋。"

尼克·胡哲私人秘籍：

有时候，你可能觉得自己的目标就快要实现了，结果却功败垂成，但这不是你喊停的理由。只有拒绝再试一次的人才会被打败。请记住：行动带来回应。你会发现，拒绝退场的结果令人惊讶。事实上，那些我们认为是阻碍的挑战，常常让我们变得更强壮。

从正面的角度诠释负面事件

对于尼克·胡哲这样没有四肢的孩子来说，生活中的危机只会比别的孩子多不会少。这对他的父母提出了重大的挑战，如何帮助他树立信心，如何让他不自暴自弃，如何让他在风险重重的世界里站稳脚跟，坚定信念？父母的爱，以及爱的表达是如此的重要，为尼克早期的生活遮风挡雨，提供了安全的庇护所。

你什么时候都可以得到另一根香蕉

尼克·胡哲6岁那年，是一个脑子一热极容易冲动的小孩。有一次，他在轮椅上坐着，有个同学拿着香蕉逗他玩，让他咬一口香蕉，于是尼克像个小猴子一样，向上挺身，转来转去，一不小心就向前栽了下去，摔到地上晕了过去。醒来他的父亲说的第一句话是："儿子，你什么时候都可以得到另一根香蕉，但是我们不可能有另一个小尼克，所以你做事一定要非常的小心。"

这样的事情，相信很多小朋友都会碰到，由于小不懂事而经历的风险，有些父母就会严加斥责：你怎么搞的？不知道会挨摔啊？没脑子啊？或者带着一种威胁的语气，你知道疼了吧？或者直接深化到孩童关系的冲突上，这样的同学怎么可以和他一起玩，赶紧断交！这些父母急切地表达的是自己的愤怒与恐惧，而忘记表达愤怒背后的关切。于是给孩子的印象是，我的父母并不是真的关心我，而是更在意他们自己的情绪罢了。

而尼克的父亲表现出非常的关切却让他十分感动，让他感受到他在父亲心目中的位置，同时这种润物细无声的安慰，让尼克备受鼓舞，更让他愿意去检视自己的行为以及这些行为给他的人生带来的影响。

不良的情绪会引起孩子逆反的情绪，而真心的爱的表达，则带来的是孩子心灵上的成长。

我们永远都会和你在一起

尼克·胡哲11岁那年，被青春期的恐惧与忧虑的感受彻底淹没了。对没有四肢的自己来说，怎么可能会成为一个有工作，有太太，有小孩的未来？他尝试自杀，却又怕家人难受悲伤。被痛苦压抑得无法自拔的尼克对弟弟亚伦说："我打算在21岁时自杀。"弟弟告诉了爸爸，爸爸来到尼克床前，一边用手指梳理他的头发，一边用温暖安定的语气告诉他还有未来，还有许多美好的事情等着他："我们永远都会和你在一起，一切都会没事的，我答应你，我们会一直在你身旁。你会好好的，儿子。"

对濒临恐惧深渊的尼克来说，此时父亲爱的碰触与关怀的凝视，使心乱如麻的他快速放松下来。他信任他的父亲，觉得那个不可知不可、测的未来，是父亲可以陪伴在一起的，而有父亲在身边的日子，还有什么值得可怕的呢？父亲一定会为他找到一条美好的路，于是他很快进入了沉沉的梦乡，第二天醒来，自杀的阴霾已经远离了他。

一个父亲给到孩子的保证是最强的，尼克的父亲非常成熟大方，也善于表达对儿女的爱和支持。很多"父爱如山"的桥段，经常出现的是那种默然的、需要儿女巧于心思去发现的父爱，或是那种沉重的、压抑的，甚至是自我牺牲的，他们从不用言语表达，一般直到最后才展现出来。相较于这些"无言的爱"，尼克父亲更善于表达自己的爱，他安抚性的语调和触摸更为难得，这使他们父子之间从未出现过隔阂与障碍，更多的是沟通与支持，这种父爱为尼克的成熟与自信提供了力量的源泉。

当你陷入困境时，你会寻找什么样的帮助？父母？朋友？老师？网络？心理咨询？热线机构？请记住，你永远都不是一个人在承担压力。每天，世界上有千千万万的人，都萦绕在自己的阴影中，苦苦纠结，真正的赢家是看见阴暗，也能期待光明的人。想办法走出去，走出个人问题的孤岛，与其他人，与大自然，与更广阔的世界发生联结，这是尼克曾经做过的，这也值得你去尝试。

尼克·胡哲经典语录：

"如果你觉得被负面的情绪压倒了，不必只靠自己的力量处理，那些爱你的人真的想帮你，他们不会觉得有负担。如果你没办法向熟人倾吐，就去找学校、工作场所和社区里的专业咨询人员。你我都不是独自一个人，现在我已经知道了，所以我不希望你像我一样，如此接近那个致命的错误。"

尼克·胡哲私人秘籍：

关键是你不能让负面情绪和沮丧的感受淹没或席卷了你。幸好，你有能力调整态度。当你察觉到负面思想正在你脑子里狂奔时，你可以选择"关机"。你要承认这些思想的存在，了解它们的源头，请把注意力放在解决问题的办法上，而不是问题本身。

我有一对了不起的父母

曾经有社会学家做过研究，一个人的幸福，往往取决于他的家庭，特别是他的原生家庭。除了人生观、价值观的形成，关于对幸福的体验感，多源于他早年在原生家庭受到的照顾及形成的亲密关系。幼年的体验将为他上学后、工作后及继而形成的新的家庭关系奠定基础。那些源于不和睦家庭的孩子，成人后的人际关系与新的家庭关系，同样面临着重重危机。

了不起的父母

婴儿一出生，就会处于各种各样的关系里，首先是与父母的关系，这种最初的家庭关系，甚至决定了婴儿的生存与否。有些婴儿由于原生家庭的经济，或是由于婴儿本身的状况，会在一出生与父母分开，因此切断了与原生家庭的关系，重新建立与收养家庭或机构护理人的关系，这种关系的破裂与重建对婴儿早年的心理发育与安全感塑造有关键性的影响。

同样，尼克·胡哲刚出生时，母子关系就面临着挑战，母亲想到他没有四肢，害怕得都不愿抱他。但是，尼克是幸运的，在经历了彷徨、迟疑、惊惧后，他的父母最终选择了接纳，并将无条件的爱和细致的照顾倾尽全力给了他，今天了不起的尼克，源于其了不起的父母！

尼克的父母在面对尼克的态度上，有着超级的一致性与默契性。在尼克的母亲得知尼克没有四肢后伤心落泪时,尼克的父亲一直陪着;在别人因为尼克的状况都陷入悲伤与惶然时,他跑去买了鲜花送给妻子,并且悄悄地安慰说:"他的眼睛很美呢!"尼克的父母并没有因为突如其来的灾难而双方互相责备或自我孤立,而是相互依伴着,共同面对问题。

夫妻的关系,密切影响着父母的角色。如果面对孩子的问题,两人都选择逃避、推卸或者独自疗伤的态度,或是其中一方出现退缩,就会将问题推到一个死角上,不仅互相伤害,而且也伤害了孩子,最终导致家庭的瓦解。

尼克的出生对其父母之间夫妻关系提出了一大挑战,如果换作别的父母,可能会劳燕分飞,出现爸爸或妈妈一人独自支撑抚养的情境。然而,尼克父母鲍里斯·胡哲与杜什卡·胡哲之间的感情、信念和生活目标经受了此次考验,这在日后夫妻合力成功养育尼克上也得到了验证。

爱的延续

父母的关键性作用还体现在他们是家庭和睦关系的源泉。尼克在演讲过程中经常遇见那些经历家庭暴力的孩子,他感恩地发现原来他生活在一个如此幸福的家庭里,他的弟弟亚伦和妹妹蜜雪儿都很照顾他,从来没有欺侮或争宠的现象。妹妹蜜雪儿比尼克还清楚尼克的优势在哪儿。弟弟亚伦经常身兼保姆的职责,随时照顾尼克,充当尼克的手与脚。最值得称道的是,尼克并没有因为残疾而与弟弟妹妹有不同的待遇,父母同样要求他干力所能及的家务,包括清洁房间等。这使尼克一直享有与正常人平等的权利与义务,从来不会怜悯自惜,这对于培养尼克的自尊与自信上是大有裨益的。

这种友好的家庭关系也影响着尼克的择偶观,与他最终结为配偶的日裔女孩宫原佳苗就是一位集智慧、勇气与信念于一体的女性，与他的家庭价值观高度匹配。当尼克的父母问宫原佳苗，如果他们的孩子出世时也像尼克一样，那么她会是什么感觉。这是一个很难回答的问题，宫原佳苗说："即使我们所有的五个孩子都没有四肢，我也会爱他们每一个。而且我知道我会比你们更容易面对这种情况，因为尼克对你来说是一种遗憾，但我却会让他成为孩子们的榜样与向导。"宫原佳苗的真挚与勇气赢得了尼克父母的尊重和欣赏。

家庭的重要性使尼克也意识到，与宫原佳苗结婚后，他更多的时间不应该在事业上冲锋陷阵，而要更多地陪伴妻子与儿子。就像他的父亲再忙，也要花时间陪伴母亲与他一样，美好稳定的家庭关系即是上帝的恩赐，也需要自己的努力与平衡。

尼克·胡哲经典语录：

"我的父母亲不再花心思弄明白上帝为什么给了他们这样一个孩子，而是决定接受他的安排，无论这安排是什么，然后开始竭尽所能地抚养我，这也是他们唯一能做的。每天都向我倾注他们全部的爱。"

尼克·胡哲私人秘籍：

如果你不能在信念中成长，那么你就会在信念中萎缩，于信念如此，于爱亦如此。你由上帝创造，所以你值得拥有他的爱，也值得拥有爱情。我会祈祷让你像我一样被赐予爱情，但是你也要做好你的那部分事，让自己不但准备好接受爱，也准备好无私地付出爱。

拯救你的，只有真实的自己

每个人都活在人与人的关系里，人际关系伴随着人生的整个过程。从相对单纯的家庭关系到流动的学校和单位，人际关系的演变趋于复杂与多变。很多人在人际关系处理中会出现各种难题，无法获得认可，被歧视或排斥，对自我产生怀疑，从众心理带来的自我失落，关系不融洽带来的自我贬抑，甚至会在人际关系中丧失对自己的尊重与爱护。

别让那些人夺走你的快乐

尼克·胡哲步入小学，开始他的噩梦时期。从一个被庇护鼓励的家庭，步入陌生复杂的学校，没有四肢的尼克觉得自己完全是被欺负的最佳对象。孩子们开始围攻过来，好奇地直问："你为什么没手没脚？"或是开始给他起绰号，嘲笑或围观他。尼克再也不像在家里那样勇敢活泼了，尼克开始怀疑自己，为什么他们要欺负我，为什么只有我没手没脚，天啊，我真的不想上学。尼克感到恐惧，他开始躲避、自我怀疑与否定，甚至想要自杀。

你有没有这种被欺负的体验？在家里、学校抑或是职场上，欺负你的对象可能是老师、同学、同事、男友、女友，等等。当你受到欺负时，你的本能反应是什么？逃学？辞职？离婚？离家出走？或者是积怨报复？

尼克也有这样的体验，每天哆嗦着上学，或是尽量躲在学校的灌木丛里，生怕别人发现。

如何面对这种恐惧？当别人的恶言恶语迎面而来的时候，请记住，一定要坚定自己的内心，不要让它们轻易夺走自己的快乐。欺负与你个人毫无关系，而是完全取决于欺负者的心态，所以不用拿别人的话语当回事，更不要将此换位于对自己的价值判断。

如果你内心够坚定的话，别人的恶语就像吹过头顶的一阵烟，过去就过去了，但是，如果你内心的快乐是取决于别人对你的言语，你就会自动把他的话语转变成一把尖刀，扎在自己的心头。

这时候，就是考验你的自信与信念的时机，如果你的信念本身如沙中尘土，你是人云亦云的心态，你迟早会被各种恶语折磨得生不如死。如果你的信念已坚如磐石，你的快乐完全源于自己内心的话，那些毛毛雨的流言蜚语，那么就让它随风而去吧。

真实的自己才快乐

确实，由于我们大部分的时间都生活在人际关系里，基于生存与交往的需要，总是会求同存异，甚至有时候，会埋没自己的个性，以求得与大部分人取得一致。尼克在10多岁时，主要的时间都是在学校里，所以他特别想和同龄人合得来，为此他表现得与其他粗野的孩子一样，满嘴骂骂咧咧的脏话，他想，这样别人就不会欺负我了吧？

你是不是也有类似的情况。在学校里，在家里，在职场上，为了磨平自己的棱角，而把自己伪装起来，眼角眉梢端着的都是琢磨人或是讨好人的神色。尼克为了"酷"一些，抛弃了自己的价值观与信仰，但是他心里并不因此而痛快，却满是愧疚与不舒服。因为尼克不小心把讲脏话的习惯带回家里，这让母亲惊讶不小。这样到了16岁，他终于无法忍受这种心口不一的生活，于是他彻底放下了脏话面具，回到了基督徒的生活圈里。当他回到自己的生活圈后，他发现，因为他显示出了一个光明正大的自己，朋友反而越来越多了。

你有没有戴过面具，会不会觉得很累，那种违心的演戏的日子里，真实的自我被层层面具包裹得无法呼吸，这是你想要的生活吗？戴面具的日子过得开心吗，还是说放下面具，做回真实的自己更让你觉得舒心？人生毕竟不是一场假面舞会，真心的交流还是取决于真实的自我。所以，如果你想在人际关系中获得真挚而友爱的情谊，就不要虚情假意的寒暄，如果你想在这宝贵的人生之旅中收获真正的快乐，从现在开始，做回真实的自己吧！

尼克·胡哲经典语录：

"你不需要别人来告诉你——你是谁、你的价值是什么。上帝让你降临到这个世界上，自有其目的。同时上帝还赋予了你独一无二的特点、外表、才能、智力……因此，你是美丽的、特殊的。接受并肯定自我，相信自己的价值，拥有坚定的目标，都非常重要。有了这三个品质，你受人欺负的概率就会大大降低。"

尼克·胡哲私人秘籍：

如果你因为感觉心情低迷，因而产生了自残或自杀的念头，请不要这样做，不要让欺负你的那些人夺走你的快乐和求生的意志。凭什么给他们这么大的权力？前面有美好的生活在等待着你，别让这些坏人干扰你的人生经历。

面对内心的痛苦，找寻快乐

凡是存在的生命体，无论是植物、动物，还是人类，都有其独一无二的价值。这种价值是不可衡量的，但是在人类世界里，我们经常用财富、权力、欢愉、抱负、名声和地位来权衡价值，以取得的成就来确定是否快乐，这是一种相当短视与错误的做法，它会把人们引向贪婪的竞争与永不满足的欲望。那么，存在的价值到底是什么，我们应该怎样对待自己的生命，明确自己的价值，立足于安宁与快乐中？

完美的不完美

所有的人类都有缺陷，然而就生命而言，每一个人又都是完美无缺的存在。但是在人与人的相处中，人与人之间会进行比较，并相互议论与评价，这时候他们凭靠的就是世俗的价值观，如财富、地位、成就等。所以，在世俗的观念里，你可能处处会受到不完美的制约，并在其限制下备受痛苦。

尼克·胡哲当初上学时，只要有孩子对他说一些很伤人的话，有人说他怪，说没有女孩子会喜欢他，说他是废物、毫无价值、没有未来，他就会照单全收，并让自己陷入痛苦与绝望之中，甚至在别人说他的人生没有希望的时候，他还打算自杀。

那时的他还没有学会坚强，没有学会对自己的快乐与自尊负责。

到上中学时，尼克已经成熟了很多，虽然对别人的非议仍然感到愤怒与痛苦，但已经学会控制自己的反应，开始思考对方说话的出发点，以及分析他们的动机。尼克在一次又一次被孩子们的谎言与恶语攻击后，渐渐领悟那些都是谎言，而他自身的价值也不在这些孩子的言论中。尼克相信这样一个真理——他是上天的完美作品，他降临在这个世界上，自有其目的和意义。

你也一样，在世俗的比较里你可能一无是处，但是在生命的真正价值里，你是独一无二的珍品，千万不要被他人的言语或行动所慑服，不要让别人来控制你对自己的感觉，对自己的目标与未来负起责任。

无可替代的快乐

快乐是我们都想要的，谁不想过得快乐呢？但是，如果在学校被同学欺负，在职场被老板呵斥，在办公室被同事排挤，想要快乐就很难了。特别是当你的成就不够多，被人嫌弃又无可奈何时，你的快乐就几乎无影无踪了。没有人喜欢被批评，因为批评会带走快乐；所有人都热爱赞美，因为赞美会带来快乐。

你对快乐的需求与依赖没有错，但是不靠谱的是，你把这些快乐的决定权都交给了别人。

怎么办？如何创造一个无须依赖别人的快乐？这些由别人带来的快乐是瞬间万变的，不是真正恒久的。

尼克·胡哲上小学的时候就是不快乐的，因为他的同学们不可能像他的家人一样接纳他、呵护他、鼓励他与喜爱他，有的同学看到他产生怀疑、排斥与不接纳的态度，甚至还有调皮捣蛋的同学会辱骂和威胁他。在一次又一次地藏在灌木丛里，在一次又一次的自我怀疑和否定后，尼克终于回归了自己的基督教信仰——相信并依赖上帝，相信他是值得爱的，相信他的人生是有价值与有意义的。他继续付诸行动，从信仰、工作、为别人做事、对世界产生积极影响等方面得到了深远而恒久的快乐。

也许你没有尼克那样的信仰，但是从内心深处发掘快乐，而不是从别人身上找寻快乐，这个，你也可以做到。你可以从一些更恒久自然的生活中去发掘，包括自己的天赋或才华。可以是天边的晚霞，可以是一首悦耳的曲子，可以是树枝上崭露的新芽，可以是松柏中开出的鲜嫩的黄花，黎明时鸟儿的鸣叫，回家时小狗的欢迎……这一切，都会让你把对快乐的注意力，从诡谲多变的世俗价值，转向更舒畅天然的能量世界，你将由患得患失，转向更为自信，更有力量。

当你持之以恒地去练习，并随时提醒自己回到快乐的本源，而不纠结在社交场合中别人的态度或言语；当你将快乐，从别人身上转到自己内心，你就不会因为讥讽、嘲笑、呵斥而心有千千结了，你就能端坐在那无可替代、不会丢失的快乐里，任外面风声雨声叽叽喳喳声，却始终安然与自得。

尼克·胡哲经典语录：

"虽然我们不能控制某些发生在自己身上的事，如霸凌、风暴、疾病、失业危机等，但我们可以选择积极还是消极地应对它们。不论在哪里演讲——加利福尼亚中部、南美洲、中国等，总有年轻人问我，你有这么多身体障碍，为什么会如此乐观？我跟他们说，我总是看到事物好的一面。"

尼克·胡哲私人秘籍：

对自己的快乐和成功负起责任之后，自爱和自信就会随之而来。小时候我就知道这个道理，但真正遇到困难和麻烦时还是得一遍遍提醒自己。你也应该这样做，把自己变成自己的心理辅导员，在面对霸凌和其他困难时回想一下自己以前所取得的成绩，给自己鼓劲儿。不论命运如何，都要能控制自己的反应。

我的故事也许能给你希望

我们每天上学、放学、上班、下班、养家、糊口，生活看似几点一线。每个人，却有着各自不同的目标，这些目标或长远，或当下，或宏大，或细小，或清晰，或模糊，或遥不可及，或一蹴而就，这些目标，就像看不见的线，牵引着我们走着各自的人生道路。有时候，线会断，有时候，你看不清那根线，但是你不得不承认，正是那些或大或小的目标，给我们的人生标注着不同的意义。

从害怕到喜欢

尼克·胡哲刚上学的时候，害怕当着全班同学的面读作文或发言，因为他的"与众不同"总是让他感觉不自在。10多岁时，尼克的父母建议他更多地去展示自己，让同学了解他，于是他开始试着去发言，分享他的感受。他发现发完言后，别人开始了解他，而不是疏远他，他的朋友越来越多，甚至有人想和他一起玩，与他分享自己的不安和恐惧。尼克也非常乐意给新的朋友给予鼓励与支持，因为他的经历使他更容易理解与体谅别人。

到了上中学的时候尼克已经很喜欢在公共场合发言了，有位清洁工建议他去当职业演讲人，因为他的故事特别吸引人。尼克被这位基督徒的清洁工说服了，开始去小组聚会上发言，然后去公司或其他社区的学校演讲。尼克的演讲之路就这样形成了。现在，尼克已经去过数不清的学校、教堂、孤儿院、医院、监狱、体育馆，与无数的人进行过面对面的交流。

职业演讲人与布道者，这是尼克·胡哲的人生目标，这是他爱干的事，围绕这个尼克打造了自己的精彩人生。你也可以拥有属于自己的人生目标，找出你特别有热情的事，你可以为之废寝忘食的事，你做了感觉不累并能忘我的事，围绕这件事情，你也可以发现自己的人生目标。或者标出你特别擅长的事，别人经常会夸奖你的事，能给你的精神带来安慰并占据你身心的事情，给你成就感，让你充实的事情，围绕它们去打造你的专属人生。

或者你现在什么都不想去做，只想静静地待着，或许你只是想去健身，有一个良好的心态，保持身心的休闲或愉快，这也是一种人生目标，不是所有的目标一定要成为什么，或是得到什么，有什么样的收入或成就。放弃一些事物，成为你自己，这也可以成为你的人生目标。

跌倒七次，爬起来八次

即使你发现了热情所在，发现了你的人生目标，但是通往人生目标之路，并不是想象中的一帆风顺与光芒万丈。你要做的，就是跌倒了,再爬起来。

当尼克确定了职业演讲人是自己的人生目标后,他开始拜托学校和某些团体给他机会去演讲,但是别人会觉得他费用太贵,他说免费去讲,但对方又会因为他年轻,没有演讲经验,外形太奇特,没有名气等理由而遭到拒绝,尼克打了五十几次电话,才获得一次演讲机会。因为这次演讲的学校比较远,尼克的弟弟骑车接送他,这次演讲来回路上花了四个小时,听众只有二十人,讲话没超过二十分钟,尼克沮丧极了,又累又饿,觉得自己是个失败者。可是这次演讲没过多久,就有人邀请尼克去他们学校演讲,而邀请人是因为听说尼克在上次演讲的效果不错。尼克因此精神大振,继续坚定了走演讲的道路。

跌倒了,如果不爬起来,就只能在原地自哀自叹。只有爬起来,迎接下一次挑战,才有可能向目标更近一步。现在的尼克是个万人迷,所到之处都是群情沸腾,可是尼克的起步阶段也是经受过各种拒绝,被拒绝的滋味很难受,有人会因为难受而放弃,尼克却正是因为伤心,而更意识到这件事情对自己的重要性。尼克的弟弟亚伦问他:"你都不曾想要放弃吗?"尼克不想放弃,因为他找到了自己的热情所在,他真的想成为演讲家,他知道,如果失败了就放弃,他将永难再起。

永不放弃,听上去仿佛是一件特别伟大的事情,需要巨大的力量才能完成。其实,不放弃也不是那么困难,只要活着,你会放弃呼吸吗?你可以试着憋一下气,你发现,活着,根本不可能放弃呼吸。那么,既然不能放弃呼吸,不能放弃活着,就别放弃活着的每一天,每一时,每一刻,一直全力以赴吧。如果还没有找到人生目标的话,那就去寻找,如果找到了,那就去行动,竭尽全力地过好每一天,对自己负责,对生命负责。

尼克·胡哲经典语录：

"上帝通过我进入不计其数的学校、教会、监狱、孤儿院、医院、体育馆与会议厅，接触到许多人。更棒的是，我曾经面对面拥抱过数以千计的朋友，让他们知道自己有多珍贵。同时，我也很开心可以告诉他们，上帝对每个人的生命的确有所计划。上帝使用我这个奇特的身体，并让我具备振奋人心、鼓动心灵的能力。"

尼克·胡哲私人秘籍：

即使你的人生有明确的目标，而你对未来充满希望与信心，懂得欣赏自己，保持正面态度，并且不让恐惧拖住你，你还是得承受挫折与失落。但千万不要认为失败等于毁灭或结束，因为你其实是在挣扎中体验生命，你还在场子里。我们所面临的挑战可以让我们变得更强大、更好，并且准备得更充分，以迎接成功。

与失败友好相处，始终热爱生命

谁都无法否认，失败是生活中的常态，但是面对失败，不同的人采取不同的态度，一种是灰溜溜地放弃，一种是继续斗志昂扬地努力，失败总是不招人待见的，但是同样面对失败，为什么会有这样截然不同的态度？而且，你会发现，越是乐观积极的人，越是能够更好地处理失败，并从失败中走出来。

用热情,来拥抱失败

尼克·胡哲演讲时做的最经典的动作是,突然倒下。听众经常会以为尼克站不起来了,想要帮忙,然后尼克用额头抵着两本书,一点一点地往上爬,在大家都屏住呼吸的时候,尼克站起来了!这是尼克的失败哲学:倒下去,就站起来。你可以想象,当尼克小时候,是练习了多长时间,才学会不依靠别人的帮助,从地上爬起来。尼克从不避讳他的跌跤史,正是那些鼻青脸肿的日子,成就了尼克今天的失败哲学。

没有人喜欢失败,失败总是与灰心、沮丧、无精打采联系在一起,每次失败,就像被别人揍了一拳的感觉,有谁会觉得挨打而高兴呢?

尼克也一样,并不是每次摔跤后会兴高采烈,但也不会一蹶不起,他就是不服气,即使摔个倒栽葱。每一次失败后,反而激起他更大的兴趣,他总是热情不减,会尝试用别的方法,从别的途径,看能不能达到新的效果。

怎么样,尼克对失败的态度挺有趣的吧。他承认失败,但并不畏惧,他甚至饶有兴趣地研究起失败来,从而找到解决问题的办法。

失败并没有多恐怖,相信你做任何事情的时候,都会遇到失败,区别在于你是一个容易沮丧的人,还是像尼克一样,是一个满心斗志的人,尼克对生活所抱有的热情与兴趣,是他与失败相处的最好工具,他总是相信"天生我材必有用",并把失败当作他生活中的老师,用来积累前进的经验。

所以,尼克做到了常人很难想象的事情,包括学会了滑板、游泳、潜水、打字,甚至自己可以刷牙洗脸。尼克有一种天生的热情,对自己不会做的事情充满了兴趣,想方设法地去完成,对他来说,失败真的是一个常伴身边的朋友与导师。

面对失败，不同的选择

尼克经常能研究出一些小窍门，如在不依靠别人的帮助下，用小左脚将智能手机抛到脸与肩膀之间来接打电话。当然，这不是研究出来的，这是尼克不知道摔坏了多少手机，砸伤了多少次脸后，才练习出来的，整个练习过程中，尼克的脸都被砸青了。

这就是尼克，换了别人，被砸出两次泪花来，估计就放弃了，转而去做别的。也许你会问，为什么有人放弃，而有人就是不放弃呢？这两种人的区别到底在哪里？是不是他们的神经系统就是不一样，有一种人就是不怕疼，不怕失败，而另一种，就是敏感些、脆弱些呢？

让我们看看尼克对生活的预期值吧！从小到大，他的父母都会说"让尼克去做"，让尼克自己去打扫房间，整理床铺，使用吸尘器，这些小小的事情，也许要费尼克很大的精力去做，但是父母从不代劳，尼克也就形成了自信与自立的习惯。在尼克出去上学受挫的时候，父母总是鼓励他"你和别人没有什么区别"，"上帝对你有专门的计划"，尼克成长中遇到的困难可真谓不少，可是每次他都坚强地挺过来了。生活对尼克来说，从来都不是一帆风顺的，但正是这并非顺风顺水的现实生活，让尼克对生活形成了积极的态度。

相反，很多含着金钥匙长大的孩子，他们对生活的预期值，总是童年阶段王子公主般的要风得风，要雨得雨。所以成年后，那些不可避免的磨难，变成了洪水猛兽般的无法忍受，逃避就成了主要的态度。

不是尼克天生就比别人都坚强。相反，尼克的现实情况，比别人都脆弱，更容易成为失败者。可是，对这习以为常的失败，尼克练习出了积极乐观甚至幽默的态度,既然失败是生活中的常备品,是人生中必不可缺的历练,还不如微笑地拥抱失败,与失败友好地相处。并且,始终保持热爱生命,继续尝试的心态,并且相信,努力,总不会有太坏的结果。

尼克·胡哲经典语录:

"你失败,我失败。我们之中最厉害的人失败过,其他人也是。那些无法从挫败中站起来的人,常常把失败当结局。但我们应该记住,人生并非一试定终身,而是个不断试误的过程。那些成功的人都是从愚蠢的错误中再站起来,因为他们觉得失败只是一时的,并视为可以学到东西的经验。"

尼克·胡哲私人秘籍:

当你全心全意实现某个目标时,一路上会经历磨难、痛苦,然后一旦突破困境,所得到的成就感又是那么美妙,让你只想以它为寄托,继续成长,不是吗?我认为这样的心态正是让人类能够走到这番境地的主要原因之一。我们庆祝艰苦的胜利,不只是因为我们努力存活了下来,也是因为人天生就是要持续成长,并寻求更高层次的成就感。

信念在左，目标在右

当我们不清楚自己的人生目标是什么的时候，便常常会依靠热情与兴趣来选择。如果没有足够的热情，我们很难将之定义人生目标。但是通往人生目标的路途不会因为你的热情而变得一帆风顺，困难甚至会浇灭你的热情与梦想，于是信念是你必须持有的武器。要知道，任何工作或者事业，都需要有坚定的信念，并付出持之以恒的努力。

如果一份热情终结了

尼克·胡哲小时候，他的父母曾给他谋划未来，他的会计父亲想要尼克接他的班。"你在数字方面很有天分，而且从事这个职业让你能够雇用其他人做你的胳膊和腿。"尼克确实能用他的小左脚使用计算器与计算机，并在后来大学主修财务规划和会计，尼克被这种想法吸引，帮助人们做出财务规划，为他们创造财富的同时也能维持自己的生活。

然而，这个规划不能让尼克感到满足，他隐隐地觉得，自己还有另一条路要走，他心中最大的热情是和同学分享他的故事，产生共鸣。尼克的信念越来越坚定，他生而残疾是有特别的用处，他对上帝的爱及信仰赋予他的力量，使他坚信讲述自己的经历与体验，去布道与励志才是他的人生道路。

你也许也在绞尽脑汁在寻找你的人生意义和方向，你不清楚你真正的兴趣或是成就应该在哪里？在寻找的过程中你会质疑自己的价值。

不用着急，只是你目前还没看见自己的才能与兴趣所在，现在你还在一遍遍尝试的过程。慢慢来，如果一份热情终结了，那只是证明那并不是你的最终目标。

每一道光环后面都有努力的付出

找到人生的目标，工作与乐趣合二为一，你会感觉到机遇源源不断，做事成了做人的一部分，这一切确实很兴奋，并赋予你无限的动力。但人生目标一样意味着要牺牲、要奉献，不是一味的光环，每一道光环后面都有努力的付出。

对尼克·胡哲来说，全世界的演讲使他接触了数百万人，看到很多人因为他而恢复信念或是再获新生，这些经历带给他的是无法估量的愉悦感受，但是你要是觉得那全是成绩而没有付出，那就错了。

尼克·胡哲要接受这样一个现实，大部分时间他都是空中飞人或是酒店的过客，这些飞机经常会延误或停飞，有些酒店的空调是坏的，蚊子会咬死人，而且不停地飞来飞去是极其消耗精力的，他精疲力竭的程度不亚于任何人。这就是尼克的牺牲，任何一份事业、工作或是你想投身于的事情，不是那么容易就阳光灿烂的，即使是你选定的人生目标完全符合心意，也仍然会有阴雨时节。所以，不要过于单纯地相信梦想是一个光辉灿烂的事业，在追求梦想的路上，仍然有泥泞，而如何对待这些泥泞，才是真正重要的，这将取决于你的信念。

无论是工人、护士、手工业主、商人、艺术家、演员、建筑师、教师，或者就是公司的文员，任何一份工作，不论是你喜欢与不喜欢的，都需要付出努力。在你喜爱的事务中，你可以增强你的信念，调动你的信心，将困难视为激发正能量的一种手段，继续从事下去。

所以，这里你可能看见人生目标对你的意义，如果有什么事你注定要做，并有不被困难折服的热情，那就意味着你已经发现了你的目标，祝贺你，加油吧！一个好得不像话的生命体验同样在等待着你。

尼克·胡哲经典语录：

"有了热情的指引，你就能找到自己的目标，而当你把信念注入你的天赋，并且和世界分享，那么热情和目标就会被激活。你是针对你的目标被量身定做出来的，就像我是针对我的目标被量身定做出来的一样。你身体的每一个组成部分——从你的心理、肉体和精神力量到你独一无二的才能与经历——的设计初衷就是运用这种天赋。"

尼克·胡哲私人秘籍：

"一夜成名"通常是许多年辛勤努力的结果，很少有人安于现状。然而，能够践行上天赋予你的特殊使命，同时为一直超越自我的目标奋斗，这本身就是最好的回报，大概没有什么能比得上。我在旅途中曾经遇到过许多男男女女，他们肩负着为全人类奉献天赋和才学的重要使命。我们分享着彼此一路走来的奋斗史，互相支持，互相鼓励。

尼克·胡哲

永不放弃的心,比钻石还珍贵

Part 02
我的成长观
命运把你推倒,你要自己学会爬起来

当生活不断给你出难题,一次又一次试图打倒你,你愤怒也好,痛苦也罢,甚至被逼抑郁到生无可恋也好,但你最终都要站起来,因为一切不能击垮你的,终将成就你。

任何一种成功都需要磨砺

不论你是儿时还是长大成人，大大小小的恐惧一直会伴随着你的一生。你可能会在恐惧中畏缩不前，或是淡定地分析自己的恐惧，找到克服它的办法。发现恐惧，正视恐惧，制伏恐惧，不要一味地让恐惧遏制你的决定，支配你的未来，你一样会拥有圆满而积极的人生。

把恐惧变成朋友

尼克·胡哲刚刚进入演讲圈时，是非常害怕的，因为无法预料自己的故事是否能吸引别人，别人会不会听或是有别的反应，后来慢慢习惯了与观众相处。但是在千人、万人的演讲时，在别的国家演讲时，他仍然会担忧那里的人会不会接受他，其他国家的文化是否与他演讲的内容相冲突，他利用自己的恐惧帮助自己做更多更好的准备工作。

对尼克来说，恐惧是正常的，不正常的是任由恐惧泛滥，而无法实现自己想做的事，或是无法做自己想做的人。

在尼克上学的时候，他的朋友萝拉曾经直言不讳地问他："谁负责照料你的生活？我说的是穿衣服、洗澡和上厕所这类事情。你的尊严何在？难道你不觉得这些事情不自己来有点奇怪吗？"萝拉的提问触及了尼克心里最敏感的话题，就是如何不成为他所爱的人的包袱。因为过于依赖父母，尼克曾经在夜里惊醒，害怕父母走了，只能依靠弟弟和妹妹照顾。

尼克决定正视这个恐惧，并积极处理它。因为有一天他也会组成家庭，他可不希望老婆必须拎着他四处跑。于是他和父母开始集思广益，设计一些新鲜的玩意儿让他能够自理。父亲把洗澡莲蓬头的旋钮改成可以用肩膀推动的控制杆，母亲把给皂器改成医院手术室用的脚踏式泵，这样尼克踏在上面就可以挤出肥皂和洗发液啦。

恐惧的存在，并不是要把我们逼到无路可走的地步，如果你善待恐惧，把它看作戴着恐怖面具的朋友，把原本是负面的情绪转化成行动的正面能量，反而能帮助你更好地成长。

害怕在大庭广众面前发言，害怕黑暗，害怕无法独立，害怕得不到爱，每一份恐惧都有其存在的意义。也许在恐惧刚刚发生的时候，你会噤而不言，或是畏缩躲避，这都很正常。但没有必要让它一直压迫着你，慢慢地你会习惯并分析你的恐惧，看看有没有办法克服它，办法总比问题多，当你换一种方式行动的时候，也许你会焕发出新的能量来呢。

很多时候，恐惧只存在我们的想象里

尼克·胡哲不是一上来就是这样成熟而睿智的，在年幼的时候，他也有看似可笑的恐慌，但是聪明的是，他很快就学到了教训。

小时候尼克最怕打针，因为他的屁股离地面比较近，打完以后非常痛，往往一整天都没法走路。有一次为了逃避打针，他在医院大哭大闹，引得全部小朋友都鬼哭狼嚎地吵着要回家，结果是来了更多的增援部队，合力夹着他，当他们把针头挤进尼克的屁股里时，尼克还是惊恐地扭来扭去，针头被挤出来又挨了一针，他的尖叫声足以让停车场里车子的警报器全响了起来。这天，尼克没有控制好自己的恐惧，

结果是打完两针后，两天不能走路。

这之后，尼克再也没有被打针吓得屁滚尿流。

恐惧就是这样张牙舞爪地扑过来，也许第一次你会惊恐失态，就像看牙医、做手术、参加考试或面试一样，但是经过了，你就发现没有想象的那么可怕。

恐惧对所有人都存在，但是对于恐惧的态度，却是衡量人是否成熟的标志。如果你任由恐惧盛行，在想象力中将其无限夸大，从而引发歇斯底里的反应，那就是幼稚。看见自己的恐惧，理性地预估到最坏的结果，如果最坏的结果你都能应付的话，你就能控制自己的行动。

尼克在要见脱口秀天后欧普拉之前就很害怕，于是他幽默地想："跟欧普拉见面吓着你啦？她会怎样？切断你的手脚？"想到他一直没手没脚，尼克就莞尔一笑，轻松上阵了。

恐惧很多时候存在于我们的想象里，如果你想让恐惧控制你的话，你可以任意想象出恐怖片一样的效果，如果你不愿意受制于恐惧之压迫的话，那么，你肯定能找到制伏它的办法，很简单，切换你的想象空间，集中注意力幻想一个美好而真实的情境就可以了。

尼克·胡哲经典语录：

"在成长过程中，我必须应付几种主要的恐惧——害怕被拒绝、害怕无法胜任、害怕要依赖他人。我的身体少了标准配备，这件事并非我的想象，然而父母常常提醒我，不要一直注意我所缺少的，而是要把焦点放在我所拥有，以及我能创造的事物上——只要我敢追随我的想象力。他们说：'你不能让恐惧支配你的未来。选择你要的人生，然后全力以赴。'"

尼克·胡哲私人秘籍：

有许多障碍比没有四肢更严重，恐惧尤其会削弱人的力量。如果恐惧遏制了你的决定，你就无法将感受到的祝福充分表现出来，过一个圆满的人生。恐惧会拖住你，让你无法成为你想变成的那个人。但恐惧只是一种情绪、一种感觉，它不是真实的！要对付最深的恐惧，关键是必须认知到恐惧是一种情绪，而你可以控制要如何回应你的情绪。

给自己最好的人生定位

尼克·胡哲常说，他的成功源自他对生活的态度。他不认为身体残缺就等同于人生残缺，他每时每刻都在学着适应社会，并努力去驾驭它。对他来说，只要能有一个正确的人生定位，并认真地去做，那么一切都有可能。因为人生从来没有局限，我们想要过怎样的生活，完全取决于我们自己。

你想要有怎样的人生定位？

你想要有怎样的人生？这是一个让很多人困扰的问题。大部分人想要的生活是这样的：工作方面前途无量，和同事上司关系都挺好，没有排挤，没有小报告；工资自给自足，住在市中心舒服的房子里，可以时常出门旅游，想花钱便大大方方花，银行账户还有很可观的一笔存款；有一个志同道合的伴侣，两人虽经历风雨但生活开心。

看起来，这的确算是比较理想的人生，只是你得怎样做才能拥有这样的人生？这是你想要的人生，还是被别人所喜欢、所接纳的人生？

诸如此类的问题，尼克·胡哲也在脑袋里想过千遍万遍。他很努力地想知道自己能为这个世界带来什么改变，或者自己该走上哪一条路。他能做什么工作？对大部分工作来说，雇用他就意味着必须再雇一个人来协助他做该做的事，谁会用两份薪水请人来做一人份的工作呢？

就在他13岁那一年，这个疑问有了答案。一天，尼克在报上看到一篇介绍残疾人自强不息，给自己设定一系列伟大目标并完成的故事。他豁然开朗，认为自己也能拥有远大目标，并立志成为一名演说家。他不理会别人的反对，开始积极为做演说家打基础。上中学时，他参加学校竞选，被大家推选为学生会主席。为了有一天能到中国演讲，他还学过一年多中文，可以和中国人进行简单的语言交流。如今，他已经成为一名优秀的演说家，到过数十个国家和地区演讲，给了无数人以生活的力量。他还创办了"没有四肢的生命"组织，帮助有类似经历的人们走出阴影。他觉得没有四肢，也许是上天的安排。

当然，这一切并非上天安排，而是尼克自己的人生安排。虽然没手没脚，虽然肢体残缺，但尼克的人生比我们许多人都要完整，因为他给自己的人生一个最好的定位，甚至比你我的都要好。

态度决定人生高度

心态决定着人们对事物的看法。两个口渴的人面对半杯水，悲观的人会说："真不幸，只有半杯水了。"乐观的人却说："真好，还有半杯水呢！"引发这种差异的原因不是水量的多少，而是态度的好坏。

尼克·胡哲承认,有好长一段时间他都认为自己无法掌控人生。在成长过程中,肢体上的残缺带给他很多困扰。没错,他不会因为没洗手就不准上餐桌,也永远不会因为踢到脚指头而痛得半死,但这些无法给他安慰。即便在他确立了人生目标后,他也时常被悲观情绪所困扰。他曾经问上帝:"为什么你不能给我一只手?想想看,有了一只手,我能做多少事啊!"他也曾经祷告或祈求生命出现某种戏剧性的转变,但一切都是原来的样子,生活并没有任何改变。

但最终,尼克用积极的态度改变了自己的未来走向。他积极进行训练,使残缺的左"脚"成为好帮手,不仅可以帮助他保持身体平衡,还能用来踢球、打字。他认真读书,考上了大学,获得会计与财务规划双学士学位。毕业后,他开始投资房地产,并成为一家高科技公司的总裁。他扎扎实实地走每一步路,用自己的努力证明了良好心态的力量。

美国西点军校有一句名言就是:"态度决定一切。"没错,一切归结为态度,你对事情付出了多少,你对事情抱有什么样的态度,就会有什么样的结果。事情还没有开始做,你就认为它不可能,那么你绝对不会成功。你必须相信自己,相信自己的价值,不能躲起来干等命运来垂怜你,不能坐等奇迹或"时来运转"。要知道,未来始终都把握在你自己手里,一切取决于你自己。

别怀疑,我都可以,你有什么不可以?

关于人生定位,你或许会有无数个疑问,最常出现的就是:这是不是痴心妄想?是不是我一辈子都不可能成功?事实上,我们每个人的视野都很有限,根本看不清楚未来会怎样,可越是这时你越要坚定信念：未来远比我所能想象的要好，忘掉所有疑虑，站起来好好走下去吧。

尼克·胡哲这一路也走得跌跌撞撞。比如，他选择以演讲为事业时，他的父母提出了强烈反对。他们认为从事会计工作更适合尼克，可以让尼克有一个相对好的未来。这一提议有其合理之处，尼克数字能力十分出色，加上身体上的残缺，选择会计业确实比较合理。尼克也曾屈从于父母，在大学期间修得会计与财务规划双学位，但他一直认为演讲才是他的最爱，他十分热切地想与人分享对于更美好人生的信仰与盼望。最终，尼克坚持了自己的选择，用自己的人生经历感动了无数的人，取得了他想要的成功。

如果你还在找寻人生道路，你要知道，偶尔的怀疑是很正常的。这是一场人生马拉松，不是短距离赛跑，在人生道路上时时检视自己，并思考自己的行动是否符合自己的人生预期，这是很健康的做法。但你必须相信自己的选择，扎扎实实地把路继续走下去。尼克·胡哲都能够成功，四肢健全的我们又有什么不可以？

尼克·胡哲经典语录：

"人生最可悲的并非失去四肢，而是没有生存希望及目标！人们经常埋怨什么也做不来，但如果我们只记挂着想拥有或欠缺的东西，而不去珍惜所拥有的，那根本改变不了问题！真正改变命运的，并不是我们的机遇，而是我们的态度。"

尼克·胡哲私人秘籍：

有坏情绪时可以试着自言自语。这种方法类似于心理学上的"空椅子效应",听自己的声音,能让你尽快平静下来,帮助你走出心中的阴霾和混乱的思绪。你也可以大声讲话,这种方法可以调整紊乱的思绪,尤其是在紧张劳累的时候。

不断尝试,活着就有希望

世上没有永远不变的事物,人生也没有永远不变的路程。当改变发生了,也许你会抗拒,也许你会不舒服,但一旦明白改变是不可避免时,清醒地面对改变,继续成长是一个不错的选择。有时候,当陷入困境的时候,你要去寻找改变。创造改变,只要你心怀希望,改变会引你走向一条更为美好的路。

对改变说"是"

尼克·胡哲12岁的时候,他们一家人从澳大利亚搬到美国,他离开了好不容易适应的学校与同学,在一个不认识任何人的地方,他那没有四肢的身体照例引来神经兮兮的目光、粗鲁的问题及不怀好意的评论。美国中学生对他怎么上厕所这件事的好奇尤其让尼克难堪。

尼克还要适应不断变教室,与澳大利亚不同,美国不同的科目用不同的教室,他得不停地从一间教室"跳"到另一间教室。面对如此大的变化,尼克的学习很快就落后了。在生活上,尼克全家一起住在叔叔的大房子里,不能像以前一样经常看见父母,因为他们不是忙着找工作上班,就是在找住的地方。

在如此大的压力下，尼克开始成了小乌龟，逃开和别人的接触。下课和午餐时间，躲到灌木丛里远离同学，当然这样还是承受不住，他真想大叫："我要回去过真正的生活。"

每个人都知道生命中肯定要会发生改变，在那些潜移默化的改变发生时，如身体年龄的变化，你会习以为常。但在那些突如其来的改变发生时，经常会让人惊恐不安，甚至会愤怒生气，本能地抗拒这种改变，希望生活如自己期待的样子发展。

由于对陌生环境或情况的恐惧，这种抗拒会促进身体保持静止而心里却翻江倒海，同时对周边的环境高度警觉，这时候的感受力将会是超级灵敏，就像尼克所说的，他特别伤心，反而在新居地的群山与落日的辉映里感受到安慰心灵的力量。

在新环境的苦苦挣扎里，尼克也渐渐发现了美好的东西。比如海滩、山脉与沙漠的风景，比如美国的堂兄弟姐妹也是大好人，虽然很快父母决定搬回澳大利亚，但尼克对美国的印象使他成人后选择定居美国。

改变就是这样，外来环境的改变是不可控制的，但内心的改变却可以慢慢调整。当一切渐渐稳定下来，这时候你会获得某种程度上的安全感，恐慌模式离你越来越远，你逐渐恢复了理智与勇气，就可以向成长迈进一步了。

永远秉持希望

"孟买青少年的挑战"的负责人曾邀请尼克对性奴役的受害者演讲，由于孟买超过50万人被迫出卖身体，这个机构主要试图帮助那些性工作者接受基督信仰，离开妓院过好一点的生活。在一家妓院里，尼克被介绍给一位看起来40多岁的女性，她说自己10多岁就被绑架来，被迫卖淫到还清债务，当她回家后家里人嫌她丢人不愿和她扯上关系，于是她只好继续当妓女并生了小孩，当妓院发现她感染了艾滋病就开除了她，现在她和孩子无处可去。

尼克和这位实际才20多岁的女性一起祷告，告诉她可以住进"孟买青少年的挑战"提供的住所，还可以免费获得治疗。听到尼克的话，她的眼中露出平静和盼望的神情："我知道上帝选择不医治我的艾滋病，是因为我可以带其他女性来到基督面前。我一无所有，但我知道上帝与我同在。"她既愿意改变，也找回了信心。

这样的故事在孟买很常见，如果她们拒绝接客，会被毒打强暴关进无法站起来的笼子，会被挨饿被洗脑，妓院老板会告诉她们老家的人再也不会要她们了。因为败坏门风，直到她们完全成为性与绝望的奴隶。当她们失去了信心与希望，失去了梦想更美好生活的能力。这样，即使有一个改变的机会给了她们，她们也会拒绝去尝试。

如果你也陷入困境，请一定要心怀希望，只要相信生活还有更美好的可能性，就会去尝试。也许尝试一两次不会成功，但千万不要掉入绝望提供的陷阱，请相信活着就肯定还有希望，生命的重点就在于不断尝试，你值得拥有一条更好的出路。

不要被那种永远一帆风顺或风平浪静的幸福假象所蒙蔽，因为那样的幸福根本就不存在，也不要被那种永无出路永远黑暗的骗局被引诱，所有的折磨都是为了让你放弃希望完全归顺，请不要让黑暗的力量得逞，永远秉持希望的明灯，采取行动，追求更美好的生活。

尼克·胡哲经典语录：

不论是正面或负面，改变都是强而有力且让人害怕的经历。每个人都知道世上本来就没有永远不变的事物，但奇怪的是，当被迫离开舒适区时，我们又常常变得害怕、不安，有时甚至觉得愤怒、怨恨。人即使面临恶劣的情况：充满暴力的亲密关系、走进死胡同的工作、危险的环境，还是常常不愿另辟蹊径，因为他宁愿面对已知，而不是未知。

尼克·胡哲私人秘籍：

有时你或许看不到出路，但改变的可能性其实一直都在。而当你找不到替代的路时，就去求助，向拥有较宽广视野的人寻求指引。无论是去找朋友、家人、专业咨询师或人民公仆都好，就是不要一直想"我已无处可逃"，不要被这种念头困住，要相信总是会有出路的。你要对上帝抱有信心与希望，也要相信自己有能力找到更美好的人生。

坚持信念，把握生活的艺术

生活是一门艺术，需要高超的领悟与平衡的选择。当机会纷沓而来的时候，你是照单全收还是审慎选择？当事业家庭两丰收的时候，你是拼命挣钱还是归隐家庭？你的每一个选择，都将决定你的命运，做一位成熟的人，享用圆满的人生。

尼克爷爷法则

在尼克事业处于上升期的时候，各种机会纷沓而来，曾经有两部电影邀约尼克去担纲主角，一部让他扮演一个满口粗话、老是嚼着烟草的家伙，剧本设定这家伙大部分时间被装在一个麻袋里，被别人背在背上到处跑。另一个片子的主角"没有四肢的威尔"一开始是个脾气坏的"小怪物"，在破烂的马戏团表演余兴节目，后来被好心人介绍到一个厚道的马戏团成了高空跳水明星。

猜猜尼克选了哪一部？尼克说了，他可不希望他的孙子某一天找到一个电影DVD，里面的尼克爷爷脸上淌着烟草汁说些不三不四的话，他希望孙子认识的他是一个自重、充满爱和激励人心的人，所以他接下了第二部的片约，扮演了那个刚开始心里满是怨恨和绝望，但是克服了痛苦与怨恨，从带刺的毛毛虫蜕变成蝴蝶的"威尔"。最后这部由尼克担纲的《蝴蝶马戏团》获得了"门柱影片计划"最大奖。

对放在面前的机会，尼克的选择很简单，不符合自己价值观的一概不要。为了更形象地确定是否在自己的目标体系内，他建立了"尼克爷爷"法则：我的孙子是会为我的这个决定感到骄傲，还是觉得他们的爷爷根本就是未老先衰、脑袋有问题？

多么有趣的法则！当不同的机会摆在你面前，你需要选择与判断时，你也可以建立这样的法则，想象一下你的后代或是你的家人是否会喜欢你的选择，或是直接向身边的朋友沟通询问，跟他们讨论一下正反面观点，听听他们的意见。

如果你是个目标与价值观特别明确的人，那就更简单了，找出一张纸，把每个机会的正反面之处一一列明，再与你的价值观、原则进行对照，想象一下如果你接受了这个机会，你会变成什么样的人？如果你拒绝这个机会，你又会变成什么样的人？哪一种人是你真正想做的人，然后再作决定。你的决定也许会获得回报，也许会付出代价，所以审慎地决策，不管是靠自己，还是与朋友商量，都很重要。

有时候，还需要后退几步，不要被一时的激动冲昏了头脑，尽量把它放在你的人生蓝图里去决策。如果你还没有长远的计划或蓝图的话，就多体会一下自己的直觉，如果直觉告诉你这值得去做，那就放心去做吧。

平衡的艺术

尼克·胡哲有一次与佳苗去拜访他的超级偶像，92岁的葛培理牧师，人称"美国国师"的牧师。这位牧师在反思他的人生时，说希望当初自己能多花一些时间来陪伴他的家人，多做些事来展现自己对上帝的爱与信念。这同样启发了尼克，因为他已经不再是一名单身汉，不能像以前一样必须在工作上投入所有的精力，他要把时间匀给他的妻子和他未来的孩子们，他的健康不仅对自己很重要，对家庭更加重要，平衡这个词，也进入了尼克的人生字典。

平衡，是生活的一门艺术，在人生的每一阶段，都有不同的诠释。

年幼的孩子很容易陷入上学放学兴趣班的教育循环里，没有玩耍与人生教育的时间，而适当的平衡可以帮助孩子有一个更加健康的成长环境，不是成为只会考试的书呆子。进入职场的年轻人常常会有加班熬夜，超级透支，不累不睡的习惯，殊不知，如果不急刹车停下这种没日没夜长期疲劳的状态，死神可能已经悄悄来临。这两年"过劳死"数量的极度上升，不仅包括30多岁的企业一把手，甚至有20来岁的年轻职员，他们在扮演"超人"的途中出现了夭折。那些处于中年危机的职场人，一方面为工作兢兢业业，一方面为家庭辛苦经营，他们更缺乏休憩的空间与时间，去放松心灵，呵护身体。还有那些回归家园的老年人，能否从对子女的不依不饶的关注，转向对自己身心的关注，这些都是需要平衡的技巧。

不平衡，往往发生在过分要求自己去满足大脑中的种种计划，而牺牲身体的状况。人都是凡夫肉胎，大脑可以瞬间处理各种信息并发出指令，身体的劳作却有一个循序渐进，并放松休整的过程。在信息化时代里，计算机可以24小时不停机，但是人的身体不行，五脏六腑的运行遵循的是大自然休养生息的规律。

疲劳、困倦、焦虑、慢性疾病、抑郁、缺乏兴趣等，都是身体发出的危险信号，这个时候，需要静下来听一听身体与大脑需求之间的矛盾，静能生慧。然后，用你的智慧与身体和解，调节一下你的人生节奏，进入一个更为和缓与舒畅的进程。

尼克·胡哲经典语录：

你必须衡量各种选择，并细心评估，看看哪些是能够带你到目的地的踏脚石，哪些又会让你失足跌倒。你也会碰到那种可以带给你短期好处，却不符合你的长期目标的机会。别忘了，今天你作了什么样的决定，就会带给你什么样的明天。年轻人不太了解这一点，所以常常在还没想清楚这个人是否适合长久在一起时，就快速跳进一段亲密关系里。

尼克·胡哲私人秘籍：

你是独一无二的，所以你必须"根据自己的身体、关系和需求来判断出你的平衡应该是什么样"。一个单身的人肯定会和已婚或已育的人有不同的评判标准。随着你环境和条件的改变，你的平衡可能也会发生转变。重要的是，你要意识到让人生所有领域保持协调的需求，并且随时准备在有需求的时候作出调整。

世界只给那些有目标的人让路

没有目标的人生是混吃混喝的人生。也许你会说，我没有什么光辉璀璨的目标或理想啊。目标并不特指那些长达几十年的计划或理想，目标也指你每一步想做的事情，以及对事情寄予的希望。比如你上学是为了什么？你工作是为了什么？当然，生存也是一个目标，你会发现，在通往目标的道路上，你会经历很多事情，而这些有意义的目标，甚至帮你渡过了很多不可避免的磨难。

度过那段黑暗期

尼克·胡哲的青春期里有一段特别糟糕的黑暗期，尽管他表面乐观坚强，但内心脆弱无比。加上经常受到同学的恶言恶语，他对未来充满了绝望，他能独立工作吗？他能娶妻生子吗？他看不见自己的人生有什么目标，看不见自己有什么用处，他对自己个人、对自己的目标、对造物主缺乏信念，不相信自己会拥有一个目标明确而有意义的人生。他的父母鼓励他走出去，到同学中间，分享他的经历与体验。当尼克照做的时候，发现他的故事对同学们特别有鼓舞，这些积极的反馈让他豁然开朗，找到了自己的人生目标——激励人们去战胜人生中各种挑战。

你有没有经历过生命中特别黑暗的时期？你是如何熬过这个时期的？当你回头再看时，那时候的你是不是缺乏对自己的认同？那时候的认知是否建立在一个完全否定自己的基础上的？那么现在的你是否找到了生活目标？

生活中，你也许经常会因为一些缺点，一点批评，一个污点，视线就完全被锁定在那个污点上，那个污点会越来越大，占据了你所有的视线与注意力，你会忘记，在那个污点之外，那个无限珍贵的生命。缺点或是污点，只是生命的1%，可是其余的99%的篇章，如果被你不小心遗落了，那可真是"一叶障目"了。千万别被那些小污点蒙蔽了双眼，热爱生命，去发掘生命的价值吧，你将找到属于你的人生目标。

尼克相信只要你肯相信你会找到属于自己的那个目标，并一步步前行，对，是前行，不是后退，也不是停滞，这个前行的内涵就是，不要放弃，继续向前去行动，尼克已经收获了一个特别有趣的事业，相信你也肯定会收获一个快乐与有价值的人生。

精力应该放在解决方案上

可想而知，当没有四肢的尼克·胡哲降临之后，给他的父母带来了多大的震惊与恐慌。在最初的自责、绝望过后，为何他被创造成这个样子就不再是一个重要的问题，取而代之的是如何让他生存下去，如何走路？如何上学？如何成年后养活自己？在小尼克还没学会忧虑的时候，乘着滑板从山坡上冲下来，不用人帮忙用额头顶着墙面爬起来，往游泳池与湖里跳，学会游泳，用小左脚打字发短信。那个时候，小尼克就学会了一个道理，精力应该放在解决方案上，而不是被浪费在问题上。专心做事，做当下能做的事，比一味地忧虑更加有效果。

人的精力都是有限的，一天中的24小时，8小时用来睡眠，8小时用来工作或学习，8小时用在餐饮、交通、家务及休闲上，那么，你打算用哪些时间来忧虑各种问题呢？如果用睡觉的时间来忧虑，那就是睡眠不足，如果用工作的时间来忧虑，那就影响工作效率，如果用餐饮、交通、家务及休闲的时间来忧虑，那会导致消化不良，无暇做家务或休息，忧虑会导致身体的机理下降，但是，如果专心做事呢？

尼克·胡哲证明，如果他专注置身于某件事的进程中，将会有种雪球效应，他的动力被激发，他解决问题的能力会提高。同样，如果你置身于忧虑之外，将稀缺的精力用于做事上，你将会发现你是一个有行动力、有效率、有执行力的人，你将远离那种自怨自艾，婆婆妈妈的状态，你将会更加欣赏与赞美自己，而不是否认与埋怨自己。

尼克·胡哲经典语录：

"也许你曾经被虐待、被辱骂或者被歧视。如果你不采取行动来自我定义，那么发生在你身上的这一切就会定义你这个人或者你的人生。你可以相信你的才能，你可以相信你有给予爱的能力，你可以相信你能够克服你的病痛或残疾，但是这种信心本身并不会给你的人生带来积极的改变，你必须将其付诸行动才可以。"

尼克·胡哲私人秘籍：

我们都拥有无限爱的能量，所以我们要激活那种爱，这并不只是为了实现我们的目标，还是为看到全世界人民都过上安宁满足的生活而贡献出自己的力量。如果你的旅程以爱为始，以爱为终，那么我希望自己能融入上帝赐予的爱之中，带你走完全程。

祈求上帝帮助的同时，要行动起来

信念与行动的关系就像思想与身体的关系一样，信念指导着行动，行动让信念得以落实，没有行动的信念与空想没有任何差别。而受到挫折的行动，还需要在信念的支持下，经过反思与回顾，改变方向，继续前行，才能达成更好的效果。

意外后的行动

尼克·胡哲经常全国旅行去演讲，由于太过频繁被美国大使馆限制回到美国，这对尼克是个突然的打击，因为尼克常居地就在美国，而且他在美国也安排了次数不少的演讲活动。怎么办？尼克尽快行动起来，发动他的员工打电话，发电邮与短信，一小时内发动了一百五十个人开始为他的签证问题四处活动，三小时后，签证限制被取消了！尼克可以重新返回美国了，这真是奇迹，而尼克认为这都是寓信念于行动的力量。光凭信念还远远不够，你必须要付诸行动。

当你碰到这种问题，这种突发的问题时，签证被拒，或是飞机停飞时，怎么办？也许你的第一反应是愤怒，为什么会这样？为什么这么不合理的事情会发生？为什么我经常碰到这样的蠢蛋？愤怒完全控制了你，你在情绪里不平、焦虑、狂躁，你的肾上腺激素不断分泌，然后你的身体完全包裹在这种不安的感觉里。

但是你还有一种选择，这种选择就是尼克做的选择，尼克把注意力冷静地转移到解决问题的办法上来,他明白成为一个愤愤不平的人除了折磨自己,不会有别的用处。所以"我祈祷上帝的帮助,然后寓信念于行动"。尼克不仅拥有信仰,而且相信不去采取行动的,那都是空想。很多人问尼克为什么他能克服困难,保持如此乐观的心态,尼克认为好的心态取决于是否能从糟糕的情绪中转移注意力,关注自己的信念,并为信念而采取行动。

遭遇危机

2010年12月,尼克·胡哲的公司出现了财务危机。这次危机来势汹汹,出现在尼克工作太过拼命,旅行太过频繁的时期,他的精神、智力、情感上都处于疲惫的状态。尼克绝望的程度甚至超过了问题的严重程度,忧心忡忡,这种萎靡不振的状态持续了三个月,他不想起床,不想吃饭,精神与心智到了即将崩溃的地步。

这是成年后尼克遇到的最大的挑战,开始的时候尼克确实是恐惧与畏缩的,像我们许多人一样,面对自己的失败恨不得躲起来。然后尼克依然把此次困难作为他最大的学习机会,通过一次次的反省与思考,尼克终于也明白了他学到的功课,也是他失败的原因——缺少谦卑和信念。在全球演讲,出DVD及做音乐光盘等看似一帆风顺的进程中,尼克的自我逐渐膨胀起来,他没有时间坐下来反思一下各种财务的安全性,而去一味地追求速度,最后背上了5万美元的债务。

在增员与扩大经营的时候,尼克一意孤行,没有征询更多经营者的意见,这是自大战胜了谦卑,而在发现公司资金问题时,生出的负疚和惭愧也让他不断质疑自己的价值、目标和去路,更让他迷失了自己的信念体系。当危机已成定局以后,尼克不停地反省深思,才从畏缩的阴影中走了出来。

尼克发现其实这些年自己已经处于一个自大的状态，追求成绩，追求认可，追求速度，掌声与鲜花让他膨胀起来，觉得自己是个Superman，并给自己定下了难以企及的目标，甚至在实施这些目标时，大包大揽，没有去发挥顾问与公司团队的作用。用尼克的话讲，他丧失了谦卑的美德。同时，这次危机也是尼克曾经面临的最大的功课之一，所有的难题、失败，其实都是提供了一个上好的学习机会，让你从人生的课题中学到宝贵的经验，并继续坚定你的信念。现在的尼克，更加成熟与稳重，更加珍视团队，并将自己人生中的这一反面教材与我们进行分享，让我们从他的经历中，体味到谦卑的美德与信念的意义。

尼克·胡哲经典语录：

"感激地依靠那些关心你的人，耐心地对待你脆弱的情感，尽全力去想明白现实与情感孰轻孰重，并且寓信念于行动。每一次努力都会让你学到宝贵的知识，积累强大的力量。当你知道自己的人生早有规划，知道你的价值、目标和命运并不是由你遭遇了什么来决定，而是由你如何应对来决定时，那么你就一定会找到安宁。"

尼克·胡哲私人秘籍：

只要有信念，无论是你自己的还是你因目标而产生的信念，以及你对造物主的信念，都是神奇的指路灯，你必须让它发光发亮，你不能任由它在你的忽视下黯淡无光。相信自己和相信自己的能力固然重要，但是你还必须拥有耐心和谦卑，你要知道，没有别人的帮助你将一事无成。

永远不要遗忘自己的价值和信念

如何找到自己的位置，并享受自己的角色，并不是一件容易的事。有时候，我们为了合群而牺牲自我；有时候，我们会受到一些突如其来的攻击，恐慌得不知道如何保护自己不受伤害。只是，每一次失败都是一次经验的积累，最终你会发现，真正伤害你的，往往是你自己。

饥不择食的后果

尼克·胡哲上中学的时候，特别想要合群，为此总是骂骂咧咧，满嘴粗言，并不理睬信仰基督教的孩子，他的朋友中有一位叫齐克的，递了根烟给他说："尼克，你过得跟狗屎一样，我要是你的话，早烦死了，抽根烟爽一把吧。"尼克拒绝了。尼克想齐克怎么会怂恿他抽烟呢？是不是自己整天一副粗俗的样子，让人家觉得自己是适合抽烟的那种人？抽烟有害健康，尼克的身体已经这样了，难道还要牺牲他的肺吗？再说没有四肢，怎么抽烟呢？

尼克一下子惊醒了，原来自己给别人的印象，是会对抽烟感兴趣的那种人。如果再和这些天天愤愤不平的人混在一起，总有一天也会有意无意地陷入抽烟、吸大麻的深渊里去。可是自己怎么走到这一步的呢？不就是想多交些朋友，和别人一样吗？

是的，谁都想拥有朋友，多一个朋友多一份力量。但是尼克那样饥不择食地选择朋友，却是后患无穷。首先，尼克抹杀了自己的本性，他是一个诚实正直的基督徒，表现在外面的却是那种满腹牢骚，愤世嫉俗的样子；其次，别人不可能捉摸到他的内心，只能根据他的外在表现来对他做出反应，所以给他烟抽也是情有可原。

这次拒烟事件使尼克一下子醒悟过来，他戴面具的时间太长了啊，以致他都不知道自己是谁了，活得云里雾里，所以交上了损友。

你有没有这样的经历？为了那看上去暖融融的友情，而放弃了自己。

想要交朋友，特别是志同道合的朋友，第一步是要成为自己的朋友，先得认识到自己是谁，了解自己的特点喜好，相信自己的价值，相信自己在这人世走一遭是有其特定的目标，相信自己是值得爱与信任的。当你完成了第一步，让自己活在自爱与自立的世界里，别人自然会被你吸引过来，那些兴趣目标相投的人，会自然而然地靠近你，成为你的朋友。

安德鲁的谣言

大尼克一岁的安德鲁（化名）有两周的时间，一在学校看见尼克，就会大喊："尼克没有小鸡鸡！"别的孩子就哄堂大笑。可以想象尼克的难堪吗？他每每想到上学就想到这一幕，害怕得胃都抽搐。可是偏偏老是碰见安德鲁，终于有一天，尼克想这么怕也不是办法，迎着安德鲁过去问："为什么你要取笑我，为什么说那些话？每次你说的时候我都很难过。""我只是开玩笑而已，对不起。"安德鲁说。尼克说："我原谅你。"安德鲁从此以后再也没嘲讽过尼克。

这在尼克受欺侮的众多故事里，是最具伤害性的一次。但是，尼克以自己的勇气，渡过了此次难关。首先这属于攻击人的隐私部位，是非常刻薄伤人的，一般人或是恼羞成怒或是一蹶不振；其次面对这种毫无根据的谣言，同时又是无稽之谈的污秽之语，很难用行动去反驳或制止；最后，还可能带来伤害的是别人的哄笑，没有人出来主持正义，会让被攻击人感到孤单绝望。

可是，这样尖锐的难题，却让尼克化解了，因为他逃无可逃了，又不愿意自毁生命，终于他硬着头皮去找安德鲁去当面交涉了，这比在大庭广众下去证明什么聪明多了。幸运的是，安德鲁明白了自己的玩笑对尼克的伤害，在之后的日子里，再也没有出来开尼克的玩笑了。

所以，对于谣言可以学一下尼克的处理方法，不要在最难堪的时候回应，因为那个时候的情绪反应最大，可能会有不明智的令人后悔的行动；不用去证明什么，谣言本来就是无影之风，正在风头上的时候，先别着急做什么；还有就是，不要指望别人一定要帮你什么，并以此来判断友谊的质量，因为并没有涉及别人的利益时，别人一般也是当玩笑来看。

那么，尼克有什么武器呢？一是控制情绪，二是冷静后再行动，三是一定要够自信，这一点特别重要。千万不要因为别人的污言秽语而遗忘了自己的价值与信念，具有坚定的信念，并付信念于行动，这才是尼克与众不同的长处，也是这种长处，不停引领他安全渡过各种难关与考验。

尼克·胡哲经典语录：

"我越发明白一件事：发生在我们身上的坏事，其实并不会夺去我们的安宁和快乐。我们可以进入内心的缓冲地带，对负面情绪进行分析，找到其根源，想出积极的应对措施，然后尽力去做最好的选择。"

尼克·胡哲私人秘籍：

高情商的另一个表现就是不去压制自己的负面情绪，因为时间久了它们还是会发酵爆发。我选择的方式是求助于上帝。大家也可以这样，不要冲动，而是请求上帝帮助你在精神上做出反应。为那些伤害你的人祈祷，要相信上帝是公正的，把你所能做的事做完，剩下的就交给上帝处理吧。

当你想放弃梦想时，告诉自己多撑一天

我们的人生之路上会有各种无法预料的痛苦，可能是因为被别人排斥，可能是受到过身体或心理虐待，当事人往往难以向他人转述，只能自我压抑或排解，或是自我否定与毁灭。这时候，能否走出来取决于是否肯定自己的价值，是否坚守自己的信念。当一个人能够相信自己的价值，就不会放弃希望，会选择继续努力，用行动争取一个更为美好的未来。

被排斥的珍妮

尼克·胡哲有一个朋友的女儿叫珍妮，10多岁的时候转到新学校，没有一个新朋友。还有另一个叫劳拉的女孩非常提防她，把她当作竞争对手，也说服别人不要理她。因为孤单，珍妮哭了很多次，但哭完以后，她仍是很勇敢，珍妮的父母告诉她要相信自己，"做你自己，会有人聚到你身边的"，珍妮做回了自己，不再患得患失，继续做那个自己喜欢的样子，友好而有趣，她的心里渐渐轻松了起来。很快，就有自己的朋友圈。后来，珍妮和劳拉还进入了同一所大学，有一天劳拉找到珍妮，希望能和珍妮成为朋友，你猜珍妮怎么说，她说："那真是太棒了！"珍妮赢了，她赢在从来没有放弃过自己，坚持自己的价

值观，成为自己想成为的人，一个优秀的人。这种自信散发出来的魅力，将与她有相同诉求的人，吸引过来，形成了好的朋友圈，最后甚至扭转了劳拉的态度。

从珍妮的故事中，你能看到你自己吗？在生命的某个阶段，学校，职场，抑或是家庭，被某些人排斥是很正常的现象。最怕的是，在这种正常的现象面前，你开始怀疑和放弃自己，转向与排斥你的人妥协，这种妥协，可能会产生两种结果。一种是别人虽然接纳了你，但你已不是真正的自己，而是戴上那套虚伪的面具，别扭得难受。另一种是别人仍然排斥你，你仍然不是他们中的一员，你因为孤单而陷入深深的自我怀疑，你甚至忘记了自己是谁，自怨自艾使你完全进入受害者的角色，在自我阴影里不断蹉跎。

可是珍妮不是，她没有放纵自己进入那种迫切希望融入团队的疯狂的不安感，她沉着地做着自己，相信上帝爱她，爱一个真实的她，而不是苦苦寻求别人接纳的她。这是她的成功之处，先做自己，再交朋友。

如何转化你的痛苦

在尼克·胡哲的前进旅途中，维克多·马克思是他最有热情的旅伴之一。维克多的故事可谓是一个传奇，他的母亲结过八次婚，有一个经常折磨他的继父曾将他的头按在水里，用枪威胁他，他在3岁到7岁之间受到多次性虐待和身体虐待。有一次受到性骚扰后，施暴者将他关在商用冷气机里，直到家人"找到我并把我暖过来"。这些痛苦使他无法自我化解。在专业治疗过程中，维克多依靠强大的信念，将自己扳回到更为正面的人生道路上。他将自己的童年故事和信念实践与问题青少年分享，引起了他们的共鸣，因为这些问题青少年大多经受过暴力和虐待，维克多开诚布公地分享自己的苦难经历的同时，也给他们进行了疗伤。

美国曾经做过调查，童年受过虐待的人，长大后一部分人会成为暴力行为的反对者，他们通过社会工作推动更为和平的社会，而另一部分人会成为暴力行为的继承者，对别人施以暴力。

这种调研结果很有趣，就是说，同样的痛苦，会导致两种不同的人生，而这个选择的权利，完全在于那个承受痛苦的人。当他缺乏信念自暴自弃时，他就沦为他童年害怕的那种人，充满怒气通过暴力来发泄，他看不到别的可能性，从而成为施虐者。而如果他心怀希望，充满对和平与爱的希望，同时具有坚持不放弃的信念，相信人生有更美好的可能性，他就会通过各种途径寻求自我疗愈，而这个自我疗伤的过程，也就是走向爱与希望的过程。

尼克·胡哲经典语录：

"青少年群体中的不安全感泛滥成灾。因为你周围的人都找不到自我，都在苦苦寻求别人的接纳，所以就会形成一种疯狂的氛围——每个人都在人际交往中挣扎生存，很少有人可以自信地说：'我爱每个人，每个人都爱我。如果你不爱我，那是你的损失。'"

尼克·胡哲私人秘籍：

我想让你知道的是，无论你现在处于人生的哪一个阶段，都不应该以为自己失去了一切。你可能偏离了正路，你甚至可能做了一些可怕的事，但是那并不意味着你的人生就不能被转变过来，你依然可能找到新的热情，那会成为这个世界上向善的力量。

将视线从困境转移到无限可能的未来中

当不幸的事情降临在你的身上,亲人离世、失业、感情破裂、遭遇疾病,你会作何反应?埋怨老天爷的不公平?在愤怒中咬牙切齿?滞留在自己的悲惨世界里,还是说你会有别的选择?冷静,接受事实,寻找新的希望,然后积蓄力量,为自己的人生寻找新的目标。灾难,可以置你于水深火热,也可以赋予你更精彩的人生。

为什么不是我?

尼克·胡哲经常被问到一个问题,这也是他很长一段时间的质疑:"为什么慈爱的上帝会把这样一场祸事降临到我的头上,如果上帝爱我们每一个人,又怎么会让一个人承受那些痛苦难忍、危及生命甚至致命的疾病折磨呢?"很多人想从尼克那儿得到"为什么是我"的答案,但是,詹森就给出了自己的答案。

詹森由于车祸而右半身瘫痪,讲话困难,嗅觉失灵,"起初我担心不会有人再像以前那样待我,但接下来我又产生了一种感觉,那就是上帝与我同在,而我会好起来。从那以后我对于这次受伤的看法发生了一百八十度的大转变。过去我常常问,为什么是我?为什么是我?但是现在我会说,'为什么不是我?'"

这世界对活着的每个人来说,每天、每小时、每分钟都可能有灾难发生,可能是地震、火灾、龙卷风、疾病、车祸及各种意外情况,每分钟都有新的生命在诞生，这些新生命中会有各种残疾，每分钟也都有生命在死亡，这是一个事实，不管你如何看待。在这样一个热闹的世界里，我们心心挂念的都是我们称之为美好的部分，如健康、美貌、财富、向上攀升，但是真相世界并非都是由我们认为的美好组成的。当我们认为的不美好发生了，如疾病、丑陋、贫苦等出现时，虽然这是世界真相的一部分，但我们却冤枉得很，大声疾呼："为什么是我？"

当"为什么是我"的呼声出来时，随之而出的是一种不平的情绪，如果这样的事情发生在别人身上，也许你会怜悯和同情。如果发生在自己身上，你会愤怒、压抑，觉得不公，然后你将这种情绪延续到生活中，处处可怜自己，处处忌妒别人，认为所有事情都在与自己作对，将自己逼进那喋喋不休的受害者的处境，还招致别人的厌弃。

生而为人，只接受和允许美好的事情，不接受与拒绝不美好的事情，可能吗？你可以继续扮演这种冤屈的受害者角色，永远待在自己挖的坑里，度过剩余的生命。

你也可以像詹森一样说"为什么不是我"。既然不幸的事情每天都在发生，既然灾难像中奖似的降临在你头上，如果你还活在这个世界上的话，就学会早一些接受事实。这样会让你更珍惜自己拥有的生命与呼吸，并将之用在更有意义、更有价值、更能带来满足感的事情上，这样，你才能在看清事实的基础上，享受自己的人生。

转移视线

丽贝卡·托尔伯特出生时面临着比尼克·胡哲更难应对的健康问题，她被诊断为痉挛性四肢瘫痪的脑瘫，只有单亲妈妈照顾她。受她妈妈的积极影响，她对人生一直抱有积极态度和热情。在丽贝卡高中毕业时，由于她经历了一系列失去亲朋好友的悲痛，同时学校技术细节的操作，导致她不能毕业，不被允许参加毕业典礼。她一下子被忧伤锁住了精神，关闭了信念，突然间失去对生活的所有兴趣，变成那个被人同情而可怜的小姑娘。

就在这位小姑娘难过得都不想起床的时候，丽贝卡的妈妈也是一位虔诚的宗教徒，劝说她去教堂做礼拜，她们在教堂发现了尼克的活动预告，尼克要参加毕业典礼前面的宗教仪式并作演讲，丽贝卡感觉到了心里的光亮，在尼克演讲结束后，尼克以自己的亲身经历劝说丽贝卡："放下你对身体残疾的那些担忧，把你的信念和信任放回到上帝的能力范围内。让自己放手，把一切托付给上帝。"

丽贝卡这位受到安慰的姑娘重新回到积极健康的状态上来，现在她已经成立了自己的非营利组织"天生我材必有用"，给面临残疾问题的个人家庭提供指导与激励。

尼克提到，他好得不可思议的人生，并不是指每天都是阳光灿烂的日子。而是不论是健康或患病，他都能将自己从黑暗的那面转移视线，从当下的困境转移到有无限可能的未来，这种信念使他不至于陷在自我怀疑与否定的黑暗里，而是将人生转向积极光明的那一面。

尼克·胡哲经典语录：

你不能放弃梦想，但是可以改变方向，因为你不知道在人生的拐角处会遇到什么。面对任何情况都不要焦虑，都要怀着感恩的心去祈祷和恳求，让上帝知道你的需要。此时此刻，在面对疾病、残疾或危及生命的挑战时，或许不可能做到不焦虑，但是你可以把一切都交付到上帝手上，借此来找到安宁。他能够循序渐进地赐给你力量，无论你需要靠它来应对自己面对的挑战，还是因为你正在为别人而悲伤苦恼。"

尼克·胡哲私人秘籍：
　　当然，如果你得了绝症，或者有像我一样的残疾，那么是不会康复的。你所拥有的只是生命的其他部分。你要么在剩下的时间里自暴自弃，沉湎于自怜、痛苦，要么就接受挑战，在生命时钟进入倒计时的这段时间，充分利用上帝赐予你的这份机遇来让自己做得更好。

坚守信念，会带给你穿越黑暗的力量

　　生活中发生的任何事情都有它的价值，痛苦的体验也是一样，在痛苦中挣扎的过程，也是发现人生真相的过程。有时，痛苦是提醒你，你现在做的事情已经远离了你的价值与目标。有时，痛苦会逼迫你做出各种不理性的行为。但是，如果你秉持着爱、希望与信念，就具备了在痛苦中发现真相的能力，这种能力会带你超越痛苦，过上更好的人生。

不快乐的真相
　　尼克·胡哲拍摄《蝴蝶马戏团》短片的时候，认识了一同出演的电影明星——埃杜瓦多·维拉斯蒂吉。埃杜瓦多十几岁的时候迷恋名利，想要成为演员，想要得到这个社会所推崇的一切，金钱、名利和女人，而且以为这些会带给他幸福快乐。他逐渐成为人气最旺的拉丁裔明星之一。沉浸在浮华、虚荣和贪欲的泡沫中，但他的心还是不得安宁，他感到了迷失困惑,他不快乐且愤怒,连他的母亲都为他担心:"我不知道拿我们的儿子怎么办才好。我担心他最后会锒铛入狱,生病住院或者一命归西。他这样的生活方式是肯定不会有好结果的。"埃杜瓦多意识到,这种虚无缥缈的存在方式迟早有一天会吞噬了他,这不是他想要的人生。他说:"当我得到自己一直以来所追求的对象时,我只会感到痛苦。"他的英语教师提醒了他,他发现自己一直拍摄的都是一个典型的大男子主义的角色,宣扬的都是沉溺于性事的情人或杀人不眨眼的毒贩。埃杜瓦多开始忏悔,离开那些角色的邀约,努力让自己的信念回归到人生核心上。他开始制作积极励志的电影,并找回了自己的信念与安宁。

当你迷失了真正的人生目标时,就会变得不快乐;当行动与价值观及原则不相匹配时,你也会不快乐。如果你总是在内心深处感觉到不快乐,其实你就是在被提醒,你的天赋被用在了错误的目标上。这时候就是你该反省,找回人生目标的时候了。

在当今社会,工作职位、薪酬数量、财富积累或名誉地位很容易因为人皆向往之而成为你的人生目标,而安宁、和平、爱、慈悲、良善反而被人们弃之不用。可是,即使当你专心致力于聚敛金钱、地位和权力时,你如果忽略了内心精神世界的需求,反而会更快进入疲累与迷惘的境地。

埃杜瓦多就是这样,他以为人人艳羡的金钱、权力与女人即意味着幸福,可是当他后来已经得到这些时,他的精神空虚到不堪一击。只有当他扭转方向,成为传递正向信念的使者时,他才重新收获了安宁与幸福。

我们生活在这个充满欲望却很少反省内心的社会里,很容易成为物质的俘虏而牺牲精神的满足。但是好在尼克和他的朋友们,总是非常乐于分享他们的故事与借鉴,像照一面镜子一样,你可以借此反省你的人生之路。

自杀的背后

尼克·胡哲有一次在华盛顿哥伦比亚特区一所中学演讲的时候，通过闭眼握拳头的方式，问大家谁曾经有过自杀的念头，结果75%的学生表示有过这种想法。通过放开拳头的方式，问大家谁真的去尝试过，结果10%的学生表示他们尝试过结束自己的生命。自杀并不是一个特别生疏的现象，在这个地球上，每四十二人中就有一人是故意残害身体致死。也就是说，你所生活的学校、工作场所、社区里都有自杀的人。

很多人自杀，并不是真的想要结束生命。只是对于生命这个话题并没有清晰的认识，自杀或自残的人被精神上的痛苦所折磨，通过身体上的痛苦或消逝来解决这个问题。对于这种难忍的痛苦，尼克也曾经深有体会。

当在家里天真活泼的尼克进入了学校以后，就开始了郁郁寡欢的状态。他开始不断地把自己和同龄人作比较，自我认同感与自信心开始瓦解，总是想着别人能做而他没有能力去做的事情，由于成为不了别人，就会把自己当作一个废物。这种想法其实就是自我毁灭，尼克不止一次地想过自杀，曾经在浴室尝试过，因为他觉得自己活着就是一个毫无希望的行尸走肉，还不如直接变成尸体得了。

好在有家人对尼克的爱，还有尼克对家人的爱，这种爱意味着一种责任，无法割舍的责任，这种责任促使尼克坚持了下来，当初的这份坚持，赢得了尼克今天这不可思议的人生。

当尼克开始和别人比较，就意味着对自我价值的放弃，而不承认自己的价值，就会产生自我厌恶，放弃对自己的爱。只要还有一点点爱，对别人，或是对自己的爱，那便会支持自己在阴影里看见光亮。

阴影无处不在，如果你活在这个世界里，请记得去坚守你的爱，希望和信念，这会带给你穿越黑暗的力量。

尼克·胡哲经典语录：

"当我们迷失了真正的目标时，就会发生轻生这样的事。我们的行动和我们的价值观与原则不相匹配，所以我们的热情消退了。我们找不到激情和能量，你可能已经有过几次这样的感觉，甚至现在就正在有这种感觉。如果你内心深处总是感觉不快乐，就像埃杜瓦多一样，那么通常是因为你的人生并不是它本来应该有的样子，你的天赋被用在了错误的目标上。"

尼克·胡哲私人秘籍：

许多人曾闪现过自杀或自残的念头。在这些情况下，能够挽救你生命的办法就是把你的视线从自己身上转移到你所爱的那些人身上，从眼前的痛苦到未来更美好的前景上。当自我毁灭和自杀的念头缠上你时，我建议你寓信念于行动，那个信念会使你过上更好的日子和更好的人生，爱你的人，会帮助你挺过这场暴风雨。

上天会安排最好的结局

在灾难与困苦面前，在孤独无力的时候，我们总会盼着奇迹的发生。就像尼克在绝望时曾经向上帝祷告赐给他长出四肢的奇迹一样。

尼克最终也没有得到手与脚，但尼克的成就，却验证了他不需要手与脚，也可以活出精彩的人生。今天，尼克成为了大家的奇迹，每个在困难中挣扎的人，都可以从尼克的故事里得到力量。

"如果尼克能够做到，我就也能做到"

尼克·胡哲的事业是将自己克服自我毁灭的故事与全世界的人分享，他认为身体残疾带给他的一切挑战都是值得的，因为他能够成为别人的奇迹，为更多受苦的人带来希望与见证。

很多人都会说："如是尼克能够做到，我就也能做到。"尼克成为许多人克服困难的信心源泉。

有一次，尼克演讲完在往回走的时候，看见一位姑娘在冰凉的地上坐着，尼克预感到那位姑娘可能遇到了难题就走了过去。果然那位名叫纳塔利的14岁女孩正在自杀的想法中不能自拔。尼克并没有评价纳塔利的想法，只是讲述了自己童年时候的沮丧与痛苦，以及如何坚守信念，走到今天的故事。纳塔利正需要一个人的倾听而不是评价与谴责，尼克教她如何将悲伤转成快乐。于是，后来纳塔利回到了父母身边，再也没有自残与自杀的冲动了。

尼克就是这样成为别人生命中的奇迹。很多人面临绝望时，听到了尼克的故事，便萌生了新希望，尼克能做到的，我一样能够做到，希望就这样，像一颗种子种进了心涯里。

15岁的吉娜，有一个充满辱骂与冲突的童年，因此内心冰冷充满敌意，12岁的时候开始用硬物伤害自己。"当你开始演讲的时候，我好像是在听，但又不想让自己听进去。那简直是不可能的。所有其他的东西都褪色了，只有你在那里，对我说上帝爱我，对我说我有一个目标，对我说天生我材必有用，对我说我是美丽的。"于是，吉娜消除了所有的防备，感受到活下去的理由。希望进入了她的内心，她开始了寓信念于行动，朝着正确的方向前进。

丹尼尔日

2008年，尼克·胡哲在演讲时遇见了被家人带来的十九个月的丹尼尔，一个同样没有四肢的宝贝。自此以后，尼克成了丹尼尔的榜样，尼克的父母也给丹尼尔父母详细的指导与帮助，相同的命运将他们联结在了一起。

尼克的成长经历为丹尼尔提供了最好的借鉴，丹尼尔像尼克一样学习游泳，自己做事，清洁卫生，使用电脑与特制轮椅，尼克成为丹尼尔一家的奇迹，他们不用再像尼克父母一样惊慌失措，不知如何抚养没有四肢的孩子了。

丹尼尔比儿时的尼克还要英勇无畏与喜欢冒险，同样丹尼尔入学后，也开始承受尼克当年的压力，被欺凌与孤立。尼克听到丹尼尔的遭遇，仿佛又重温了当年的感觉，于是尼克来到丹尼尔的学校，主动要求给学校的孩子们去演讲。"丹尼尔日"出现了，丹尼尔也像尼克童年时一样，主动去给其他的同学分享他没有四肢是如何做事的，打破了别人对残疾孩子的误解，尼克成了丹尼尔的保护神。

尼克小时候总是祈祷上帝让他长出手和脚来，因为没有手脚而备受侮辱，渐渐地尼克明白也许没有手脚自有其特别的安排和用途，即使没有手脚他一样要活出一个有意义、有目标的人生。果然，这在尼克成年后得到了验证，除了丹尼尔外。另外一位女版尼克——布鲁克·威利森，同样以尼克为榜样，她的母亲相信她会过上好到不可思议的生活。他们有着相同的决心、爱和热情。还有那种不管不顾的态度，有时候能吓人一跳，那是他们对人生充满激情与兴趣所致。拥抱他们是最美妙的事。当你拥抱尼克和布鲁克的时候，由于他们没有胳膊，所以你能够和他们的心贴得那么近，这总是让我感叹不已。

在尼克之前，别人很难去想象一个没有四肢的人会取得什么样的成就，对于尼克这样的人只能寄予怜悯与同情，甚至在一些贫困地区，残疾的孩子会被处死或者遗弃；而在尼克之后，人们重新调整了对残疾人的看法与态度，尼克成为了困境中人们的指路明灯，在尼克的激励与示范下，人们不再受限于成见，而也能活出不受限制的人生。

尼克·胡哲经典语录：

"朋友和家人常常不能理解，为什么那些心情压抑的人会如此受伤。原因可能无从知晓，那些自我伤害的人可能心里也不知道是为什么。也可能是那种创伤巨大到无法对人倾诉。你只要守护那些伤心的人，在他们想要倾诉烦恼的时候耐心聆听，让他们想起还有其他人关心他们，由此让他们相信他们是被爱和被珍惜的。"

尼克·胡哲私人秘籍：

我的目标是分享我的希望，并由此每天至少点燃一个人的热情，然后那个人就能够点燃另一个的热情，如此一直传递下去，直到整个世界都充满爱的光芒。

尼克·胡哲

永不放弃的心，比钻石还珍贵

Part 03
我的性格观
当我们一无所有的时候，我们只有希望

真正的自信，是一种敢于自嘲，敢于面对赤裸裸的自己。在任何情况下淡然处之，面对非议一笑置之，坚持自己，相信自己，不放弃的生活态度。因为，最终决定人生成败的不是外在的因素，而是自己的内心。

幸福，与财富无关

生命的重点不是对财富的拥有，而是对存在的喜乐。尼克认识一些四肢健全且身材完美的人，他们的快乐还不及他的一半。尼克四处旅行时在孟买贫民窟和非洲孤儿院里看到的喜乐，比在那些管理森严的高档社区和价值几百万美元的豪宅里看到的还要多。即使是那些腰缠万贯的人，也同样可能会是很可悲的人。而幸福，也许就诞生在一个简单的拥抱里。

为何贫者笑，富人哭

尼克·胡哲在世界各地旅行时，见过各式各样的苦难，有生重病的孤儿，有被迫卖淫的少女，还有穷到没钱还债而坐牢的人，但是尼克在贫民窟看到的快乐却远远超过了高档社区。即使在苦难与残酷包围的悲剧里，尼克看到的人们并不是在苟且偷生，反而是在茁壮成长。

在埃及首都开罗郊外臭气熏天的"垃圾城"，五万居民靠收集垃圾来生存，在这样一个和猪圈一样的生活区，尼克以为那儿的人们肯定生活在绝望之中。然而，他碰到的人都带着单纯的喜乐，而且满是信心。在这个以基督徒为主的最穷苦的贫民窟，当尼克开始演讲时，听众向他散发着最单纯的快乐与满足。

赤贫如洗的穷人怎么笑得出来？豪宅的富人怎么又会愁云满面？幸福快乐与财富的拥有并不成正比关系，相反，财富常常能遮挡人们对幸福的觉察能力。

越是穷苦的人，越是能体会出这样一个道理：不是所有的事情都能在掌控之中，人的能力是有限的，对于那些超出理解与控制的状况，他们选择忽略不理，他们只对自己可以理解与掌控的事物投入精力。他们接纳现实，并在自己力所能及的地方努力，这样反倒更容易产生满足而喜乐的感觉。

而越是富有的人，越膨胀自己的需求，以为只要想得到，就能做得到。他们越是在金钱上无往不胜，越是容易产生无所不能的错觉，甚至认为金钱代表了一切，如果遭遇疾病或意外打击，反而一蹶不振，不能接受现实。同时，他们在财富方面畸形发展的同时，反而忽略了人生其他纬度的培养，如爱心、良善、慈悲、谦卑、信念等。

一叶障目，一币也能障目，当眼睛里满是铜钱时，心里也都满是铜臭了。如果你还在奔向富人的路上，那么，让自己偶尔歇一歇，把视线从收入薪资上转移一下，看看四季的转换、亲人的面庞、感受一下身体的呼吸，从焦躁的频道转到安宁的瞬间，你会发现，幸福快乐，真的与财富无关。

播撒善，共享爱

有一次，在一个特殊学校演讲完毕，在离开学校礼堂路上，尼克看见了一个光头，于是尼克停下轮椅，发现那是一个看上去像是被化疗夺去头发的女孩子。尼克当即靠近她说："亲爱的，请给我一个拥抱。"她用胳膊抱住了尼克，并大哭起来，尼克也大哭起来，周围的老师与学生也都大哭起来。

为什么他们都会大哭起来？当一个人陷于疾病与孤苦中，她自然会积攒很多负面的情绪，而如果这时候，有一个人给了她拥抱，就像是极度黑暗中点起的烛光，将冰冻的心再次融化，所以化疗女孩会哭。而尼克，虽然被爱他的家人包围着，仍然要独自面对无臂无腿带来的孤独与磨难，这种伤痛很难与人分享，只有靠自己的信念坚持下去。他对这种濒临绝望的黑暗状态深有体会，所以他特别明白这时候的女孩多么需要一个温暖的拥抱。当他们拥抱时，尼克同样感受到女孩的悲伤，就像再次经历自己的悲伤一样，所以尼克会哭。周围的老师与学生，他们同样会经历自己的悲伤，当亲人朋友陷入绝望时，他们有时候不知道如何提供安慰，当他们看见尼克与女孩的拥抱与眼泪时，他们心里的隐痛也被触动，所以他们也流下了眼泪。

眼泪能治愈灵魂的伤口，在非洲最贫穷的国家利比里亚，尼克·胡哲作了人生中最难忘的一次演讲。演讲的中途，一位当地的妇女走到前台，怀里抱着的婴儿也是没有四肢，尼克亲吻了那个婴儿，观众中开始有人哭泣起来。这个国家的残疾孩子一出生，就会被处死，当地的风俗认为残疾儿是被诅咒的，母亲会被驱逐，以免厄运降临。尼克告诉他们："虽然我没有四肢，但是我用圣灵的翅膀飞翔。"而当尼克亲吻过这个婴儿后，听说当地的残疾孩子或畸形孩子再也没出现被处死或被抛弃的现象。尼克给了利比里亚人民一个见证，他可以不需要四肢而幸福快乐，完整并不是来自于外形，而是来自于信念，即使人生极其艰难，但如果持有信念，就一定会得到幸福与快乐。

尼克·胡哲经典语录：

"你或许会碰到艰难的时光，或许会倒下，然后觉得自己没有力量站起来。我懂那种感觉，我们都会碰上那样的事，生命不会一直轻松愉快，但是当我们克服了挑战，就会变得更强壮，也会对于能有那样的机会更感恩。上帝说：'万事都互相效力，叫爱神的人得益处，就是按他旨意被召的人。'"

尼克·胡哲私人秘籍：

仆人式领袖都是伟大的聆听者和移情者（善解人意）。他们通过聆听来了解服务对象的需求，通过观察和移情来探知没有被表达出来的需求。通过人们不必去寻求他们的帮助，因为他们已经觉察到需求的内容。仆人式领袖在待人接物的时候有这些想法：如果我在这个人的位置上，那么什么能让我得到宽慰？什么能让我振作起来？什么能帮我克服自己的困境？

快乐与别人无关，爱上不完美的自己

每个生命都是宝贵的存在，而每个生命又都与众不同。宇宙中每个会呼吸的存在，都有奇妙的完美之处，但当人类的大脑学会了思考、比较、分析、判断、定义后，等级与类别就出现了。在更高更快更强的追求下，人们对各种事物及自身都进行了分门别类，贴上不同的标签，冠以完美或不完美的概念。你会发现，不论你如何奋斗，你总有不完美的地方，你总有技不如人的地方。那么，对这个你定义为不完美的自己，你是否接纳并爱护呢？

自然界的"怪物"

深海里有一种鱼，不知道你有没有见过，长着一张"丑人"的脸，鼓鼓的"脸蛋"，在临近海底的水中游来游去，平静的，自然的。如果人类里有人长着一张鱼脸，可以想象将引起怎样的"注目礼"，将承受什么样的环境压力？因为人类的思想已经将此定位成了怪物，并自然地采取了特别的态度。他自己也会接受这样的想法，进入黑暗的自我排斥期。

尼克·胡哲少年期有一段时间就把自己看成一个错误，自然界的怪物。他不能打开冰箱拿一杯饮料，他吃饭还要人帮忙，尽管他非常讨厌打扰别人吃饭，他觉得自己的人生一定会很艰难，因为他总要去依赖别人。于是种种负面的想法把他压得喘不过气来。

自然界里的树有高有矮，有直有曲，有光溜的有长瘤的，但是它们仍然自由自在地生长着，不会相互嘀咕议论排斥侧目，它们平等地呼吸着阳光与空气，没有愁苦抑郁。而发达的人类世界就复杂了，少胳膊少腿，歪脸斜颈，高矮肥瘦都会遭遇不同的看法与待遇，所以尼克会因为差异性而承受了相当长一段时间的痛苦与压抑。

有幸的是，尼克一直和乐于接纳他并相信他的家庭在一起，他的父母一直用无条件的爱鼓励他爱自己并走出自己思想的黑暗区。但是不是所有人都有尼克的幸运，那么当你因为差异性而受到排斥或是不礼貌的注视时，当你因为不能与普罗大众取得一致性而感觉落寞时，你能像一条鱼一样清静自由地活吗？你能像一棵树一样呼吸生长吗？

换句话说，你能向生于斯，长于斯的大自然去学习，享受自己的生命，做这个神奇的自然的神奇的一分子吗？把那些乌七八糟的念头放在阳光下晒一晒，你会发现，其实那些思想的包袱，也许可以放在一边，而生活，只是需要在自然界里轻松地呼吸而已。

找一个爱自己的理由

在大部分以身份、颜值、财富、权力来衡量与赞美人的现代世界里，当你处于非主流的优势人群里，或是由于贫穷、丑陋、不够上流而感觉被排挤时，你可以试着扪心自问，能找到一个理由爱自己吗？

如果你能找到一个理由爱自己的话，那么，你会发现，你不需要通过苦苦地等待别人的认可来接纳自己了，如果你能充分地爱自己，那么主流人群是什么样的态度，都不会影响你了。尽管尼克的父母家人朋友都特别爱他，但是几个同学的嘲弄和欺侮就足以让他辛苦培养的自信一败涂地。有一天，尼克心情实在很糟，就站在镜子前对自己说，我一定要找个优点出来，终于他觉得自己的眼睛很美。哈哈，有这么一个优点就够了，就足以让自己恢复信心，更爱自己了。当然尼克其实远远超过这一个优点，比如敏锐的观察力与高度的同情心等。

找一个理由爱自己，你也可以做到，这是心理极度脆弱时的缓兵之计。慢慢地你会发现，其实不需要什么理由，你也能爱自己，单是在这个宇宙中呼吸着，接触着，就是多么奇妙的存在啊！为什么一定要在人的森林里出类拔萃呢？为什么一定需要他人的赞美呢？为什么你那宝贵的心，需要让别人的意见来扰乱呢？与自己好好相处吧，快乐，其实与别人无关。像一条鱼，或一棵树一样活着吧！你，也能做到。

尼克·胡哲经典语录：

"生命可能会很残酷。人们也许是不为他人着想，或者单纯就是坏，所以你必须向内寻求力量；如果内在力量不行，你总是可以向上仰望上帝，他是力量与爱的终极源头。接纳自己与爱自己非常重要，人生有比美貌、奢华生活和勾搭上某人更重要的目的。"

尼克·胡哲私人秘籍：

我拥有许多人生命中欠缺的两项强大力量——无条件的爱与自我接纳。有些人曾经想过要自杀，因为他们失去了爱自己的能力。当你受到伤害时，会筑起高墙，免得会再被伤害一次，但是你不能在心的周围筑起一座内在的墙。如果你爱自己原来的样子、爱自己内在或外在天生的美，人们就会被你吸引，然后也看见你的美。

发挥优势，做自己最擅长的事

当婴儿呱呱落地时，他需要别人的养护；当少年蓬勃成长时，他会去树立自己的信念。如果养护人给他的控制超过支持时，就意味着剥夺了他自立自强发现自我价值的能力。每个人都有自己独立的灵魂，意味着他有作自己决定、走自己路的权利，当这种权利得到良好的保护与实施，他独有的人生会绽放出非凡的光彩。

每个人都应有自己的灵魂

尼克·胡哲从小就担心成为别人的包袱，为了自己的尊严，他学习如何照顾自己，包括上厕所，穿衣穿裤，刷牙洗脸，他的父母也帮助设计一些奇妙的装置帮他学会独立生活。尼克选择做演讲家而不是父亲为他设想的会计师，父母担心他的身体是否能承担四处演讲的劳累，但是尼克说服了他们。20岁时尼克计划去南非演讲，父母表示反对，因为南非政治太乱，但是尼克还是说服了他们。虽然像其他父母一样，尼克的父母不见得会和孩子的意见保持一致，但是在经过沟通后，他们总能继续支持孩子的想法。

这种既不是包袱也不是财产，平等而独立的亲子关系，确实难能可贵。亚洲国家的有些父母习惯于把孩子当作自己的财产，管理、支配和反抗、叛逆成了亲子关系中的主要矛盾。从孩子一出生，父母就给他进行人生规划，包括上学、就业、婚姻、育儿等，一旦孩子与父母的意见发生冲突，就是"大逆不道"；如果孩子坚持自己的选择，就会出现家庭大战，或是一刀两断老死不相往来；或是逼迫一方就范，双方别别扭扭地窝在一起，继续在一个屋檐下过日子。

这种腻腻歪歪的亲子关系里，父母支配孩子的生活，甚至可以延长到孩子成年后，继续到孩子的新家庭。对孩子的生活方式继续挑三拣四，在中国一半以上的离婚都是由于夫妻与父母关系不和。父母的主宰性角色使孩子丧失了独立意志，有些孩子长大了，反过来又成为父母的负担，那些埋怨"啃老族"的父母们，不知道会不会去反思，这里面有没有他们的"功劳"？

做对自己有意义的事

尼克·胡哲天生就是一个好动爱冒险的家伙。只是当他开始上学时，经常因为身体的原因受人嘲笑，这时他才会躲在树丛后或是空荡荡的教室里，时间一长，他更加觉得被孤立而难熬。他的父母鼓励他主动接近同学，他鼓起勇气主动与同学说话，他越是接近同学，大家反而更能接受他。于是尼克与同学讨论到他如何生活在这个其实是为有手有脚的人设计的世界里,大家很乐意听他的故事,从此尼克开始有机会去学生社区、教会社团与青少年组织去演讲。这种演讲让尼克摆脱了孤独与自抑的状态,他又重新找回了那个活泼的尼克,并对与别人产生联结充满感恩,这时候,演讲对尼克有着重要的意义。

有一天,当尼克对着大约 300 多名青少年演讲时,有位女孩崩溃到大哭,给了尼克一个超大的拥抱:"从来没人告诉过我,我这个样子就很漂亮,也没有人说过爱我。你改变了我的生命,而且,你也是个漂亮的人。"这个女孩让尼克感觉到,原来他的故事可以帮助别人渡过自己的难关,他对这个社会是有着特殊贡献的。就这样顺其自然地,演讲成了尼克为之奋斗的事业。

可见,选择做一件事情,如果这件事对自己有意义的话,能够让自己开心满足,同样也会对别人产生影响。尼克天生拥有着与别人不同的地方,这简直就是一个超大的障碍,这个障碍导致尼克在上学时的人际关系受到挑战,而这在这个挑战里最大的问题是孤独,尼克选择了主动走出去,因为他知道自己是个外向的孩子。在他选择走出去接触别人以后,才发现别人其实很愿意了解并与他交朋友,而他也很享受这种与别人分享的感觉,而他的奇特身体与他的乐于分享的能力,更是发掘了他振奋人心的那一面。于是,一件于自己于他人都有益的事业就这样诞生了。

所以,发现自己、寻找自己的价值是首当其冲的,每个人都有自己的喜好与天赋,你或者是乐天爱冒险,或者是文静爱思考,或是天生和平主义,或是乐于影响别人。你终归能找到你自己的独特基因与禀赋,在此基础上做喜欢做的事情,并且有一天你会发现,你做的事情也许对别人,对这个社会有所裨益,那就是你可以终生经营的事业。

尼克·胡哲经典语录：

"父母和已成年的儿女常常必须求同存异，相互谅解彼此对歧见的处理方式。我很感谢爸爸、妈妈和我总能尊重彼此的主张和决定。我们的关系经得住考验，而且因为我们之间有着深刻的爱和尊重，所以变得比以往更亲近。如果爸爸、妈妈和我不曾敞开心胸畅谈彼此的感受，或许结果不会像现在这样美好。"

尼克·胡哲私人秘籍：

有一个对生活很重要的事，学校没有教过：我们每个人都有某种恩赐，如某种才能、技艺、手艺、让人开心或投入的本领等，而通过快乐的路常常就在那份恩赐之中。当你相信自己拥有可以与人分享的恩赐——你的天赋、知识和爱，就会展开自我接纳的旅程，即使你的才能还不是那么明显。一旦你开始以这样的姿态行走人生，其他人会发现你的不同，并且与你同行。

最大的欺骗莫过于认为自己不够好

每个人被问到是想过一种快乐的人生，还是一种愁苦的人生时，答案都会不约而同地一致，当然会选择快乐的人生。但是快乐的人生同样需要努力争取，每个人在人生道路上都将遭遇各种难处，如果你因为难处而为难自己，你就不可能快乐。经常觉察并释放你的坏情绪，或者单纯地给自己找点乐子，你也许会发现这趟人生之旅既不枯燥也不为难，而是精彩纷呈。

将坏情绪释放到阳光里

尼克·胡哲还是小男孩的时候，就意识到自己的与众不同，因为同学经常跑过来问他："你为什么没手没脚啊？"大家用像看怪物一样的眼神看着他。于是他开始想，假如他的身体可以"正常"一点，那别人就不会那样看着他，他的人生就会轻松很多。他睡前祷告常常是祈求长出四肢，但是第二天还是老样子，他去上学还会有人给他起绰号，或是和他保持距离。他开始伤心了，因为长不出四肢，他开始不喜欢自己，因为没有四肢，他开始不接纳自己。但是后来他发现，当他越是不接纳自己的时候，心情越是糟糕，而且别人也无法接纳自己。

接着，当尼克进入青春期，他学会了内省，觉察自己的优点，放下比较，慢地接纳自己。然后，令他惊讶与感激的事情发生了，别人也开始接纳了他，他又可以如鱼得水地生活在大家的爱与温暖之中。

心理学有一个名词叫"镜像效应"，说的是如果你是个灰心丧气坏脾气的人，那么你也会撬动别人的灰色心情，吸引一堆的负能量。如果你是个喜气洋洋的乐天派，那么围在你周围的人也不自觉地拥有一种恬静的正能量。

每个人都希望过上美好的生活，如果你真的下定决心一定要过一个美好的生活，那么一定要警惕自己身上的黑色情绪，也许一不小心这种情绪会控制并感染周边环境，将自己拖入那种并不美好的心理世界。而那些黑色情绪主要产生于哪里呢？就是对自己的各种否定，一种是别人否定或质疑了你，你就全盘同意开始难过，像尼克被同学排斥一样；另一种是你主动拿别人作参照系，拿别人做到而自己做不到的事情为难并否定自己。不管是哪种类型的否认，都可以导致你不喜欢自己，给自己填满负能量。

所以，时刻觉察自己的心情还是蛮重要的。如果今天很郁闷的话，静下来问问自己，到底是为什么不高兴，找到坏情绪的源头，再问问，这个源头值得自己不珍惜自己吗？多问几遍，将坏情绪与负能量释放在爱的阳光里。

快活得不像话的人生

尼克·胡哲很小的时候，他的弟弟妹妹和疯狂的堂兄弟姐妹为了让他不因为长得和别人不一样而陷入自怜的状态，都按他本来的样子来接纳他、爱他，甚至会耍他、整他，使他保持人生的幽默感，而不是沉溺于痛苦。

尼克的堂兄弟姐妹会在大卖场指着他大叫："看看那个坐在轮椅上的小孩，他是个外星人耶！"然后看到路人莫名其妙的表情，他们一起笑得歇斯底里。或是在万圣节的时候，把尼克裹在面具里去别人家敲门要糖，然后尼克在里面说"谢谢"，吓得人家以为他们手里抱着的是会说话的洋娃娃。

这样的环境里，熏陶了尼克幽默乐天的好性格。在尼克全球演讲时，会请看护他的人把他放在机舱座位上方的行李柜里，把门关好。当一位老先生打开放着尼克的行李柜的门准备放行李时，尼克探出头说："先生，你好像没有敲门哦！"然后老先生与尼克一起捧腹大笑。

还有一次，在非洲机场等行李无聊时，尼克让看护把他放在行李转盘上兜兜风。于是，当尼克戴着太阳眼镜，搭乘行李转盘畅游航站时，吸引了一堆惊异的目光与紧张的笑声，大家也许都在琢磨这家伙是个真人呢还是设计的模型，倒是搬运行李工人对这位来自澳大利亚的疯小子满脸笑意："上帝保佑你哦！"

相信你也有类似的感觉吧，在机场等待行李百无聊赖的时候，是不是也想乘着转盘去看一看？但是你成年人的理智控制了你。所以很多时候，虽然心里痒痒的，但是总是抑制自己让自己进入一本正经的状态。

回想一下，有多少次没有挥发自己的喜感，让自己去做件好玩得要疯掉的事了？可是这样的墨守成规，严肃正经，也会把人闷疯掉的。在一成不变的人生路途中，来一点幽默的调料，来一些放松的节奏，会使生活更有趣，兴致更高涨。来吧，调动你的幽默细胞，给自己一个更为丰富满足的人生吧！

尼克·胡哲经典语录：

你会有怀疑、害怕的时刻，我们都有。情绪低落是自然的，是人就会这样，但如果你让这类负面感觉逡巡不去，而不是不动于心，那就危险了。或许有时你会觉得孤单，但你要知道，你也是被爱着的，所以你永远不会是孤单一人。

尼克·胡哲私人秘籍：

我是"可笑法则"的创始人，这个法则主张：地球上所有人每天至少要做一个荒谬可笑的事。无论是执着于追求一个梦想，让旁人看了大呼可笑，还是单纯做一个可笑的事都可以。为了你，也为了这个地球，拜托你放开胆子、爱玩一点。别忘了偶尔嘲笑一下自己，给自己找点乐子，这样你才能好好享受这趟生命旅程。

让自己充满爱，这会引领你成功

我们为什么会被生下来？因为有爱——人类对延续后代的爱。我们为什么能活下去？因为有爱——人类对子嗣养育的爱。我们活下去的意义是什么？还是爱——爱这个世界上一切美好的人与事物，再继续为他们付出爱。因爱而生，因爱而活，爱是生命存在中最大的意义。

我们所遭遇的一切都不是孤单的

尼克·胡哲在一个寻常的星期天上午，去加州一家教会准备演讲。突然听见人群中有人喊他的名字，喊他的人指身旁一位男子，那名男子手上抱着一个小男孩，那个名叫丹尼尔的小男孩只有十九个月大，明亮的眼睛、浓密的棕发、快活的笑脸，和尼克一样没有四肢，只有一只小小的左脚掌。尼克当时就觉得一阵眩晕，几乎站不住，好像全身所有的感觉都突然袭来，怜悯、回忆中的痛苦与纠结、不安与孤独如同幻灯片似的历历重现，他明白这男孩将经历什么，他也知道自己对这男孩意味着什么。

尼克还是小男孩时，由于与众不同而身陷孤独，虽然有其父母与家人的关爱，但是在被别人嘲弄的时候，尼克还是觉得他们不可能理解自己的感受。他多么希望能有一个与自己一样的没有四肢的人，告诉他该如何生活下去啊，在尼克的幼年里，他没有遇见过这样一个人。但是在丹尼尔的幼年，丹尼尔遇见了尼克，这将意味着丹尼尔将有一位最适合他的人生导师,帮助他减轻负担,给他带来希望。

这是对于丹尼尔来说最幸运的一件事,就是发现他在这世界上并不是最孤独的一个人,而那种与世隔绝的孤独感往往会毁掉人的一生。当我们步入困境时,或是与众不同时,我们总是习惯地认为自己是唯一受苦的那一位,别人都是欢喜快乐,只有自己陷入困境,那种孤独的被遗弃感,往往使人失去求生的欲望。

但是,事实是我们所遭遇的一切都不是孤单的,人类的苦难与困境都有其相似之处。但是囿于视野的局限性,我们会丧失信心,我们看不见更广阔的世界,自以为只有自己是被遗弃的那一位。

而唯一能消除遗弃感的,就是仍然会拥有与万事万物联结与共鸣的能力,这种能力就是爱。你可以与其他人发生联结,找到和你拥有一样困境的人,或是比你遭遇更为不幸的人,在这种联结中产生的同理心,会消除孤独的错觉。你也可能与其他事物发生联结,与音乐、书籍、风景、自然、动物等所有能与你产生互动的东西,在这种联结中产生的情感共鸣或流动,会帮你醒悟到你其实并不是唯一受苦的那一位,你仍然有机会感受到爱与被爱。

尼克虽然曾经以为自己可能是唯一一位没有四肢的孩子,但他仍然拥有与家人之间的爱及与上帝之间的爱。这种爱引领他走到了今天,成了丹尼尔的导师,也成为很多人的人生导师。

爱是最大的奉献,也是最大的回报

周游世界巡回演讲的尼克·胡哲总是能收获到别人的喜悦。"有好几次,我觉得自己的人生已走到尽头,但现在我知道每个人的生命都有个目的,也应该尊重自己本来的样子。你教会我如何把负面事物转成正面，谢谢你拯救了我的人生，让我的生命转了个弯，我真是太感谢你了——你是我的英雄。"这是一位患有厌食症的女孩在看了尼克的 DVD 所获得的鼓励。尼克会收到很多类似的信，感谢他指引别人寻找生命的意义，享受生命的快乐，尼克从中获得的精神满足，远远超过了经济收入。

也许你会说，嗨！这是尼克，他是一位名人，而且他的工作主要就是与人沟通，进行励志，所以他收到这样的回报，这是他工作的一部分。可是作为普通人，怎么可能每天都有人给你留言，感谢你呢？

是的，也许你是学生，公司职员，技术员或仅仅是一位家庭主妇，你不见得像尼克一样，有机会周游世界与不同的人拥抱，你也不见得喜欢抛头露面，你可能更喜欢安静的工作。那么，你怎么能有尼克这样的成就感，每天都活在爱与被爱的喜悦里呢？

爱与外向还是内向无关，与学习或工作的内容无关，与你的生活方式无关，完全取决于你看待人与事物的观点。

如果你是名学生，你怎么去看待你的学习环境，你学习的书本，你的老师同学，你是被困在你的功课里，还是游刃有余？你是只会读书考试，还是善于观察与思考？你是否对你现在的状况充满感恩，还是对你的功课充满厌倦？你是恐慌不安未来的生计，还是享受年轻自由的学习时光？如果你能选择后者的话，恭喜你，你一直在一个爱与被爱的关系里，你表达了你的欢喜，同时你也会从你现有的人际关系与社会资源里获得欢喜。如果你是前者的话，那么你还缺乏爱的能力，对自己与周边理解与感恩的能力，缺乏这种能力的你，也很难体察到来自周边的理解与感谢。

所以，即使你是一位普通人，你也有普通人的快乐的源泉。你随时随地都在与别人，与这个世界发生联系，不论你是否觉察，你也一直在付出，并收到回报，区别在于你是否付出的是爱，还是怨恨、烦躁。这世界的联系就是这么奇妙，你付出什么，也会收获什么。

尼克·胡哲经典语录：

"没有四肢的人生有多辛苦，我当然清楚，但我的生命仍然具有可以与人分享的价值。我所缺乏的无法阻止我在这个世界引起一些改变。我喜欢激励别人、给人勇气，或许我无法改变这个世界太多，但我依然确定自己的生命没有被浪费。我下定决心要有所贡献，你也应该相信自己有这样的力量。"

尼克·胡哲私人秘籍：

你或许还在追寻生命的意义，但我不认为如果不服务他人，你能获得满足——我们每个人都希望好好运用自己的才华、知识，让他人受惠，而不只是拿来赚钱吧。当你奉献出自己，会得到最大的回报。你肯定也可以有所贡献，或许现在还看不出那是什么，但你要知道，如果没有什么可贡献，你就不会出现在这个地球上。

清除心灵的荆棘，在内心播种希望

我们活在这个世界上，难免会被人拿来比较，有时候自己也会去做比较，但是比较往往是扼杀自己能量的罪魁祸首。所谓人比人气死人，比较往往会使人忽略掉身上的闪光点，接受别人错误的观点，并在其中湮没了信心。只有正视自己的价值，对人生满怀信心，才能产生高效的行动力，收获丰盛的人生。

我能，我不能

尼克·胡哲在每次演讲时，都会分享他童年时期最黑暗、最难熬的日子，无论怎么坚强与努力，绝望的感觉总是挥之不去。由于没有四肢带来的生理困难，他总是觉得和这个为四肢健全的人设计的世界格格不入，他想要融入这个世界，但却又觉得自己是个局外人。在这个时期，尼克仿佛戴着眼罩，看不见生命中的任何光亮，黑暗的想法与负面的情绪压在他的心头，使他夜不能寐，白天想到可能会受到欺侮，他又不想上学。

尼克不停地拿自己与别人作比较，他不能打开冰箱拿饮料，他不能自己吃饭，他喝水都需要别人帮忙拿杯子，长大后他也不能牵起自己喜欢的女孩子的手，他不能保护家人，天啊！

"我是每个人的包袱，我没有未来，我的生命根本没有意义。"在这种绝望的包围中，他甚至实施过自杀，在浴缸自杀未遂后，尼克仍然以坚毅与外向的个性赢得了同学的信任与友情，在家人的支持下他逐渐发现自己的所长。他乐于分享，他喜欢关心别人，他同理心强，他成绩好，他发现不管多么黑暗的人生。都有各种可能性。

如果你拿出一页纸，正面写上"我能做的事"，背面写上"我不能做的事"，你会发现，不管是你能还是不能做的事，三天三夜都写不完。如果你看着"我能做的事"，你会有一种喜悦与向上的情绪，这种情绪会促使你去付诸行动，而且干劲十足。你看到的是一个满是光彩的自己，你热爱这个自己并更有行动力。但是，如果你整天瞪着"我不能做的事"，你就会感到窝心沮丧，你会拘泥在这种感觉里，甚至懒得动一动手指头，你看到的是一个失败无能的自己，你只会对着这个自己摇头叹气。

有趣吧！每个人的优点和缺点一样多，这个很容易理解。但是当你面对优点时，表现出的是一个更好、更有能量的自己，当你面对缺点，得到的是一个更无力、更没精打采的自己。你要哪一个自己，前者能劈风破浪积极行动，后者只能拘泥于痛苦唉声叹气，相信你会选择前面一个自己吧！生命就像一枚硬币一样，有正面就有反面，不要浪费你的生命，多看看"我能做的事"，做一个更勇敢和快乐的自己吧！

在心里种下一片沃土

有一个家喻户晓的故事，讲的是农夫播撒种子的比喻，落在路旁的种子，被鸟儿吃了，没法生根开枝；落在石头上的种子，没有泥土的滋润，也晒干了；落在荆棘里的种子，被挤住了，也长不出来；只有落在沃土中的种子，才有机会顺利成长，开花结果，最后长出比原来还要丰盛的种子。

这个比喻很有趣，也很形象。我们的心里，如果没有像信心一样的沃土，怎么会收获丰盛的人生果实呢？如果都是冰冷的石块，或是杂草丛生的荆棘，那我们的人生岂不是要荒芜颓败？

尼克·胡哲年幼时每天早上出门上学，父母就在播撒种子："祝你有美好的一天，尼克！尽你所能，其他的顺其自然。"

在尼克没有信心的日子里，父母的支持就像落在了石头上，并不能带来任何滋养。

而当尼克怀有信心的时候，父母的鼓励就像落在了肥沃的土壤里，比如"上帝对你有专门的计划"，尼克深信不疑并对未来充满期望，这使他越来越坚毅。

那怎么能在心里种下一片沃土呢？自然先要清除乱石嶙峋与杂草丛生。石头喻指所有否定性的想法，代表着对自己各种不行、没有能力、没有资格、没有价值等的判断。这些对自己能力价值的所有否定性判断就像冰冷而没有生命力的石头一样，阻挡了任何种子发芽的可能性，而种子就是希望。荆棘预示着那些黑暗的错觉，比如当别人给你鼓励或启发时，你会怀疑别人是否另有动机，或是想要控制或玩弄你。你会不自觉地把自己放在受害者或受骗者的位置上，你的怀疑就像荆棘杂草一样，密密麻麻地滋生着，以致别人的支持被怀疑拥挤着，无法转变成你内心的力量。在石头与荆棘密布的心里，布满了对自己与别人的怀疑与否定，这样的人只会自怨自艾，不可能产生信心，催发行动。

所以，有时间的话整理一下自己的内心吧。花一点力气，清除一下石头与荆棘，使冰冷僵硬的内心柔软起来，承认自己的价值与别人的友情，在心里催生出信心的沃土来。相信吗？如果你充满信心的话，你结满果实的同时也能播撒希望的种子，给自己也给别人。

尼克·胡哲经典语录：

"想想看，当我还是个孩子时，我面对些什么，而如今我过的又是怎样的日子？未来的你会有什么样美好的人生与成就？谁知道通过我们的付出，我们能成为多少人生命中的奇迹、帮助他们活得更美好？所以，请与我同行，跟我这个没有四肢的人一起走进充满希望的未来吧！"

尼克·胡哲私人秘籍：

我们的一生不只要接收种子，还要将之栽种在内心的"好土"里。被困难击倒时，我们可以依靠拥有更美好人生的梦想。这些梦想就像是即将到来事物的种子，而我们的信心就是这些种子发芽的沃土。爱我的人常常鼓励我。他们的种子有时撒在石头地，有时则撒在荆棘里，然而他们相信，撒出去的种子总有些会生根。

充满希望，便有无限可能

我们的人生道路很难一帆风顺，困难像石头、坑洞、陷阱一样随处可见。成熟而理智的行路人，面对困难是既不放弃，也不蛮干，既不愤怒，也不沮丧，在希望明灯的照耀下，目标在远方依稀可见，所以即使受阻，也不会停下前进的脚步。

给困难一点耐心

尼克·胡哲和他的团队曾在2008年做过一个计划，希望访问14个国家，当他们按照计划去了5个国家以后，他们的费用已经快花完了。尼克的叔叔贝塔劝他别去了，因为经费不够而且很多国家比如印度尼西亚等也不是很安全。尼克没有直接放弃，说再等等吧，然后按照约定去了佛罗里达演讲，他觉得继续去印度尼西亚仍然是一个非做不可的事。贝塔叔叔耐着性子说："那我们就看看接下来几个星期，你将如何带领我们。"于是尼克开始为了如何替接下来的旅程筹措经费而祷告。过了几天,有一位在佛罗里达听尼克演讲的男士打来电话说赠了一大笔钱,接着印度尼西亚的联络人说他们负责旅费,又过了两天,一个慈善组织提供了更大一笔钱,足以支持尼克其余旅程的所有费用。

神奇吧!尼克在原计划受阻后,既没有生气愤怒索性不做了,也没有慌忙错乱,反而该做什么还做什么,顺其自然安静下来不慌不忙,同时仍对未来寄予希望,相信一定会有解决方案出现。果然,在佛罗里达演讲后,新的费用与资源接二连三地涌进来,解决了尼克下一步的后顾之忧。

对每一个想做事情的人来说,在通过目标的路上,困难就像绊脚石一样随处可见。你可以跟着石头较劲,对其谩骂三天三夜,湮没在愤怒的情绪里;你也可以捧着受伤的脚,躲起来,为了不磕到自己,再也不上路;你也可以轻轻一笑,包裹伤口后,继续上路。如果不上路的话,怎么能看到更多的风景呢?

当你对困难见怪不怪的时候,你就会拥有平静的力量,在这种平静里,你可以避免在负面情绪上消耗精力,你也不会轻易地扔下放弃。在这种平静里,你继续保持不变的信念与希望,理智地审时度势,这样当机会来临时,你就很容易把握住。然后,仍然保有前进的动力,人生的道路尽管会弯弯曲曲,但是好的风景会在前方等着你。

不放弃希望,就会有更多希望

尼克·胡哲高中时最难忘的一件事就是听瑞基·达伯斯的演讲,在那个又热又黏的夏天,瑞基的故事吸引了所有在场的1400名孩子。他是路易斯安那州一名10多岁妓女的未婚先孕的小孩,这位小妈妈既没有家人，也没地方住，住在一个鸡舍里，又害怕又发愁。小妈妈想起以前一位富有同情心的女老师，老师说过需要帮助的话可以给她电话。这位叫达伯斯太太的老师收留了怀孕的少女，并收养了出生的孩子，也就是瑞基。在达伯斯太太的抚养下，成就了今天的瑞基——一名成功的美国激励讲师。

瑞基的故事感动了所有听他演讲的人，包括尼克在内。尼克当时就想：或许有一天我能像瑞基一样，有许多故事可以跟人分享。

试想，如果瑞基的小妈妈当初不怀着希望向她的老师求助，可能瑞基也会受妈妈的生活影响，充满动荡与不安，成为不安分的街头少年；如果达伯斯太太置之不理，就不会有一个坚定有信仰的瑞基；如果没有这样的瑞基，就没有对演讲如痴如醉的尼克，一个对别人也产生正面影响的尼克。

希望，无处不在，今天如果瑞基的亲生妈妈还在，肯定会为当年自己作出的决定，为今天的瑞基而骄傲吧。当年这位小妈妈没有放弃希望，今天的瑞基，相信也会带给她更多希望。

所以，不要轻易放弃你的希望，不要轻易地去自暴自弃，你不会知道，你的带有希望的一次行动，会产生什么样的"蝴蝶效应"。瑞基说："你无法改变过去，但你能改变未来。"是的，希望就是影响未来的一个潜在动机，如果你轻易地放弃希望，你就丧失了影响未来的行动力。

瑞基就是这样一个成功的例子，在达伯斯夫妇的影响下，他学到的最重要的一件事，就是无论身处什么情况，他永远都有选择，这个选择就是，他是用负面还是正面的方式去回应。

外界的客观情况往往是我们无法影响的，过去也是我们无法改变的，但是我们能改变、能影响的是自己的态度，自己的行动与自己的未来。

尼克·胡哲经典语录：

"遇到困难不要放弃，不要蛮干，也不要逃避。请评估情势，寻找解决方案，并且相信：无论发生什么，为了最终的美好结果。耐心是基本的。你撒下种子，经历暴风雨，然后等待丰收。请相信每个阻碍都有作用，然后去寻找最好的解决方案。重点是，只要不停寻找，你就会找到一条路。只要还有一口气在，你就应该记住：可能性一直都在。"

尼克·胡哲私人秘籍：

想想看，当我还是个孩子时，根本不可能知道，我竟然会因为没有四肢，而有机会到那么多国家带给许多人充满希望的讯息。艰困的时光和种种沮丧并不好玩，你不必假装很享受，但请你相信前方可能会有更美好的日子，有一个圆满而充满意义的人生。或许你现在尚未找出一条路，请保持信心，而我知道那肯定会是不可思议的人生篇章。

真心实意爱独一无二的自己

我存在，这世界才存在。这句话并不是一句妄语。如果没有观察者的话，怎么会有观察者眼中的世界呢？所以对这个独一无二的自己，要付出真心实意的爱。这种爱源于对自己位置的认可，对自己能力的接纳，对自己价值的肯定。能够真诚地爱自己的人，是从内在发光的人，即使被伤害、被践踏，也能拥有平静与自信，走过黑暗，通向光明圆满的大门。

如果不爱自己，别人爱你又有何意义

有一次，尼克·胡哲在新加坡对企业领袖和创业家演讲时，一位成功而且充满自信的男士前来求助，原来这位拥有三家银行的男士的女儿患上了"自我厌弃"症："我有个很棒的女儿，今年14岁，不知为了什么可怕的理由，每次她看到镜子里的自己都说丑死了。"这位痛苦的父亲费尽心力，希望女儿建立自信与自尊，但是任何一句来自别人的批评，都会让他前功尽弃。

这位银行家的女儿，衣食不愁前程无忧，可是她自我否定的悲苦，却远远超过了一个贫民窟的孩子，她对幸福的感悟能力远远不如在垃圾堆里觅食的贫苦儿。尽管她的父母如此爱她，但由于她缺乏爱自己的能力，却无法从别人的爱中获得力量。

有个叫克里斯蒂的女孩在看过尼克的 DVD 以后给他写信说："你让我明白，如果不爱自己，别人爱你又有何意义？你教会我要为自己站起来、要爱自己本来的样子、要按照我想要的方式生活……现在我对自己的感受已经改变了……人生快乐很多了！"这位女孩的男朋友以前总是怕她有一天会做傻事杀了自己，现在她不会了，因为女孩学会了爱自己本来的样子。

一个不爱自己的人也很难体会别人对他的爱，爱是人与人、人与事物之间惺惺相惜的美好联系，当你看不到这种美好，只看到污秽与黑暗的那一面，你就丧失了爱的能力。

爱是人类最基本的能力，如果没有爱，就不会有生命的延续。所以，对于每个人来说，你的诞生都是源于爱，来自父母的爱。有时候，

爱会被阻断，比如当感受到被遗弃、被辱骂、被排斥、被批评、被嘲弄的感觉，这些负面的感觉像一把利剑，会割断你和别人之间的爱的联络，也会割断你和自己爱的联系。于是，就会产生自我否定、自暴自弃，甚至自我毁灭的现象。

如果爱不小心被割断了怎么办？重新建立起来，也许你和某些人之间的爱是暂时无法重建，但是你和自己，你和这个万事皆备的宇宙之间的爱是永续不断的，生命中永远有值得爱的东西，永远不要丢弃你的希望。

从内在发光

尼克·胡哲有个朋友，总是对自己很满意，很平和，每个人都喜欢和他在一起，因为他身上总是散发出美好的感受。他热情地发展自己的天赋，他喜欢自己，但是他不"拽"，他相信自己是个幸运的人，因此充满欢喜，他是个从内外发光的人，即使有苦苦挣扎的时候，仍然平静和自信。

在这样一种人旁边，你始终能感受到温和与喜悦的能量。而另有一种人，内心藏满苦毒、仇恨与哀怨，你不敢靠近他，生怕被他的怨气所伤。可见，自我厌恶的人，别人也很难靠近他，喜欢他。

那什么是内外的光呢？就是对自己的喜爱，对自己的接纳，对自己价值的肯定，这样的人即使深处黑暗，也能预见光明，并持有希望、勇气与行动力。有内在之光的人，即使黑暗来临，也能温暖自己，并照亮别人。而那些靠别人来决定自己价值的人，由于他们过度地自我放弃，一旦遭遇风吹雨打，立马就会崩溃。他们缺乏内在的力量，内心像一个黑洞一样，极其需要阳光。

当然，说比做简单，尼克本人也有过挣扎，虽然父母一直注重培养他的信仰，但是当某个流鼻涕的小孩跑过来大喊"你是怪物"时，之前尼克所做的一切努力，当下就全垮了。

在一次又一次的黑暗里徘徊犹豫后，尼克确实有过想要放弃的念头，但是好在他对家人的爱和信任，父母始终肯定他的价值，所以他没有被黑暗吸走，而是继续向内寻求力量，获得了内心强大的力量——无条件的爱与自我接纳。

就像白天与黑夜交替一样，光明和黑暗也会轮流出现在我们的生活中，如果你没有内在的光，就会在黑暗来临的时候丧失坚持下去的力量。从现在开始，培养你的内外之光吧，相信自己的美好与价值，对人生始终抱有希望，美好的未来肯定会如期而至。

尼克·胡哲经典语录：

为什么我们常常觉得自己不够美、不够高、不够瘦、不够好？爱自己并非自私、自满或以自我为中心，而是将你的生命视为一份礼物，好好地照顾与分享，为人们带来祝福。你不必为了达到别人的期望而活，你可以定义自己的完美。"

尼克·胡哲私人秘籍：

当我们让别人的意见左右我们对自己的感受，或是去跟别人比较时，就会变得脆弱，并落入受害者心态。当你不愿接受自己，也就不太愿意接受别人，结果只会导致孤独与孤立。当你用严苛的标准评断自己，或是在自己身上加诸强大的压力时，就很容易批判他人。当你像上帝一样地爱自己、接纳自己，就打开了通往平静与圆满的大门。

无须依赖他人，你的自信与生俱来

如果你习惯于向别人索要爱与关怀的话，你会进入一个不由自主的畏缩状态，期待别人用阳光雨露将你灌溉。如果你能从自己的内心找到爱的源泉，你将不可思议地绽放出华彩。这种自发的爱催生出你与众不同的美丽，你会发现你的美丽、你的自信与生俱来，无须依赖。

爱的饥荒

尼克·胡哲在学校或青年团体演讲时，考虑到孩子们经常觉得自己很矬或是没有人爱他，常常强调说："我爱你们本来的样子。在我看来，你们都非常漂亮。"

这种温和的话总能在听众中引起一阵连锁反应，先是从隐约的啜泣声和压抑住的抽鼻子声开始，会有一个女孩低着头，或是一个男孩捂着脸。然后这种情绪就像传染病一样席卷全场，眼泪从年轻的脸庞滑落，因为啜泣声而颤抖的肩膀，有人开始离场，不想让别人看见他们的脸。

结束后不论男女老幼都排队去拥抱尼克，有人会轻轻地贴着他的耳边说，我长这么大了，从来没有人说过爱我。

从来没有人说过爱我！这也许会有些夸张，当父母面对襁褓中婴儿的脸蛋时，一定会说爱他；当情人相互抚摩脸庞时，也会相互说爱。

但为什么当孩子长大时，大家都忘却了呢？因为很多表达出来的爱都是有条件的，比如乖巧温顺时，比如热恋期。可是当你不符合父母或朋友的期待时，他们就不再表达爱，表现出来的可能是责备、怨恨、漠视或疏远，于是你更多地感受到的并不是爱。而是要求，你疲于奔命想要满足你身边人的要求，却做得越多，错得越多，于是心田开始干涸，所以当尼克说出我爱你们每个人的时候，被滋润的心田里会流出甘泉一样的眼泪。

　　人们习惯于相互依赖，也习惯于相互要求，在人与人的关系中要求与被要求占据了一大部分，学习是否足够好，业绩是否足够高，音容服饰是否足够得体。人与人之间一边互相要求，一边相互衡量，满足了要求的，就能获得拥抱、笑容与爱意；而不满足要求的，就会露出厌烦、生气、排斥的神情。可以想象，有些人会因此活得特别累，每天期待表现优秀而获得别人的爱意；而有些人，如果他们愿意从这种纠结的关系中解脱出来，把视野投向内心深处，先爱自己，爱自己本来的样子，爱自己天生的外在美，就不会纠缠在这种向别人索要关怀的误区里。

独一无二的美

　　尼克·胡哲拥有世人少有的身躯，无论大人还是孩子，第一次见到他都会有些奇怪的反应，小孩子会认为他从别的星球而来，或者就是一个怪兽；青少年会胡思乱想，认为他是被杀人狂砍断了手脚；大人恐怖电影看多了，会怀疑他是被残害的或特制的马戏团的玩偶。

　　当别人异样地看过来时，尼克有过不舒服的感觉。但时间久了，他也习惯并学会愉快地处理这种反应，在一次演讲时，有个小朋友过来同情地问：你的胳膊和腿去哪儿了？他挤眉弄眼地说：是香烟弄的。（简直是给禁烟做广告呢！）还有一次裹在大手巾里晒沙滩浴时，一位女士过来惊叹说，你怎么做到的？把自己埋这么深？尼克知道她误解为自己将腿埋进沙里。他准备开个玩笑，在她走远并回头再看时，迅速跳到海水里，那位女士以为看到了神异现象，吓呆住了。

尼克认为自己的美就在于他的不同，他不会再为自己的不同而感到凄怆，反而接受了自己的不同，并热爱着自己的美。

假想一下，如果全人类长得都一模一样，一样的体型、肤色、头发、脸庞，如果男女老少服饰也都一模一样，在这样一个高度一致的世界里，怎么会有美丑之区分？对美的欣赏与判断，正是来自一个多样性的世界。花鸟虫兽、山石草木，宇宙中的万事万物都有着不同的形态，在这不同的形态里，人类才能去理解，去欣赏，去判定美。

而既然是由人类来判定的，自然受人类的主观角度的影响，所以不同的时代，不同的种族，不同的地域，不同的年龄，对美的认定是不同的。美，从大脑中形成这个概念以后，就时时刻刻地根据人类的主观意志在转变着。

美与丑，都取决于人的判断，当产生了令人舒畅的好感时，我们判断为美，当引起的是厌倦压抑的情绪时，我们认定为丑。我们没法控制别人的反应或是感受，因为美与丑，根据他的阅历与环境会有不同的认定。但我们可以选择自己的感受，是否能完全接纳与爱惜自己，相信自己的美，并不由他人来决定。

尼克·胡哲经典语录：

生命可能会很残酷。人们也许是不为他人着想，或者单纯就是坏，所以你必须向内寻求力量；接纳自己与爱自己非常重要。因为自己来到这个世界是要做出独特贡献而爱自己。衡量你身为人的美好和价值唯一的基准，在你的内在。

尼克·胡哲私人秘籍：

现在就看着镜子说："这就是我的样子：我愿意接受挑战，成为最好的自己。"你是美丽的，因为上帝按他的目的创造了你。而你的挑战在于要找出那个目的，然后以希望作燃料，用信心驱动，并且尽量运用你的"独你性"。要治愈自怜和受害者情结，唯一有效的方式就是爱自己、接纳自己。

在行动中创造更美好的世界

一个人的一生也许可以这样来描述：从出生以后观察与聆听世界，在成长过程中了解与认识世界，通过成家立业融入世界，并为世界付出你的价值。每个人都是这世界的一部分，产生于世界，也回报于世界。认识与理解自己于世界中的地位与作用，将赋予你人生更深远的意义。

做一个聆听的人

很多人被尼克·胡哲吸引，不仅仅是因为他的演讲口才，他的幽默与活泼，而是因为他温柔和善解人意的眼睛，和他体察入微的同理心。

尼克小时候就习惯坐在轮椅上看人来人往，观察每个人的表情，研究他们的肢体语言，他对周围人的情绪、声音与心情都特别敏感。精细到如果人把手放在他的轮椅扶手上，他都会感觉到仿佛是握到了别人的手似的温暖与接纳。他演讲的时候重点在于脸部表情沟通，通过面部表情的变化表达情感与观众互动。

尼克的妹妹蜜雪儿曾经逗他说："尼克，你真的很喜欢眼神接触呢。当你跟某个人说话时，你会深深地望进他的眼睛里。"是的，尼克深深地看进别人的眼里，通过观察来获悉别人的情绪波动，这样他能很快地与对方达成共情，深入对方的内在，使交流变得通畅与自在。

事实上，尼克不仅是一个好的演讲者，也是一名好的聆听者，这使他在捕捉别人的需求时特别准确，所以他在提供振奋人心的话语时，能够做到字字落在别人的心里。

当你与别人沟通时，你是否能做到一名好的聆听者呢？这将帮助你建立信任联结与相互支持的关系。不要忙着赶工作、整理文件、洗碗或者看电视，拿出时间专注于与你沟通的人。许多男人与女人吵架，原因只是在沟通时目标不一致。他们忘记在做出反应时要留意对方的需要，男人习惯于希望"修理问题"，他们需要的是解决方案。而女人更倾向于只是简单地说出问题，与别人分享，她们既不要求，也不希望得到解决方案。所以融洽的关系取决于考虑到言语后的需求与情绪。

如果你想要改变你的生活，改变你生命中其他人的生活，从现在学会聆听吧，觉察他人的情绪与心情，建立对彼此都有帮助的联结。

与世界同理相连

尼克·胡哲有一次在柬埔寨开会结束后，被主办单位叫去见一个在外面等了他一天的小男孩。这个坐在泥地上的小男孩比尼克还矮小，身边聚集着黑云一样的苍蝇,头上顶着深裂的伤口,一只坏掉的眼睛像要掉出来,全身散发着腐烂的味道。小男孩一见到尼克,就走向他的小轮椅,把他的头顶着尼克的脸,眼神里全是深深的怜悯,想要安慰尼克。

尼克感动得眼泪直流,这个看上去好久没吃过东西的小男孩,并没有只关注到自己的痛苦,而是觉得尼克受到了更多苦,想要安抚尼克。承受了极度贫困和苦难的人,还拥有不可思议的对他人痛苦的怜悯心,还能伸手给人安慰,这是多么了不起的同理心啊。

同样,在尼克去南非演讲之前,他还自以为是,认为自己是受苦最多的人。但是当他看见了感染了噬肉菌,身上有着开放性伤口的孩子;看见患艾滋病而垂死的穷人;看见垂死母亲眼中的痛苦;看见住在狭小锡板屋的家庭,尼克觉得自己的人生简直就是养尊处优,住着有空调的屋子,喝着冷饮,相比于南非人的生活,这简直就是奢侈的。

南非之旅后,尼克深切地体会到,他是这世界的一部分,他再也感受不到受苦的孤独。他的痛苦远远也比不上世界另一端人们的痛苦,而他的行动、演讲、捐赠与祷告同样可以影响世界另一端的人们。

没有人是真正的孤岛,这个世界万物相连,你可以选择走出去接触他人,你也可以足不出户就与世界相连。在互联网的今天,打开手机你就能接触到全世界的人,你会发现,你永远都不会是最烦躁、最寂寞、最可怜、最恐惧、最无助的那个人。

发现仅仅是第一步,如果你有所发现而无所行动的话,你就会变得麻木、沉滞。如果你缺乏什么,你愿意试着去给点什么,你将不再囚禁在你自以为是的个人的牢笼里,不再锁在自己的磨难里束手束脚,你就能精神振奋地走出去,在行动中创造更美好的世界。一个人的愁苦可以束缚住他的精神与行动，当你跳出一个人的陷阱，活在与人相互联结、相互沟通、相互支援、相互帮助的世界里，你会发现一个更有价值、更有活力的你。

尼克·胡哲经典语录：

"有识人之明、与人相处、跟人交往、体会他人的感受、知道谁可以信赖，以及如何让自己值得信赖，这些对成功和快乐都很重要。缺乏与他人在互相了解及信任的基础上建立关系的能力，却能够成功，这样的人实在很少。我们需要的不只是亲密爱人，也需要良师益友、人生典范，以及认同并帮助我们完成梦想的支持者。"

尼克·胡哲私人秘籍：

你希望别人怎么待你，你就这样对待别人。如果养成习惯，每天都做一些小小的善行，你会觉得充满力量，并从自己受伤与失望的情绪中解放出来。当然，你不应该期待慷慨帮助他人能让你得到好处，但做好事会带来意想不到的回报。我很鼓吹无条件的慷慨，因为这是荣耀的事，也会让它的祝福加倍。

尼克·胡哲

永不放弃的心，比钻石还珍贵

Part 04
我的做事观
认真的人改变自己，执着的人改变命运

生活中，很多人变得越来越浮躁，做事缺少一种认真的态度。甚至还经常抱怨机遇没有降临到自己头上，抱怨命运的不公，抱怨生活的坎坷。其实，真正改变命运的不是机遇，而是我们自身的态度。开启认真端正的态度，就等于拿到了改变命运的金钥匙。

该追求的时候要毫不犹豫

尼克·胡哲生于澳大利亚,他天生没有四肢,这种罕见的现象医学上取名"海豹肢症"。而让人感到不可思议的是:骑马、打鼓、游泳、足球,尼克样样皆能,在他看来是没有做不成的事。

尼克鼓励每个人勇于面对并改变生活,完成人生梦想的征程。他通过自己人生所经历的点点滴滴、出色的沟通能力与令人难以置信的幽默,深受孩子、青少年以及成人世界的喜爱。现如今,他已经成为真正使人备受鼓舞的演说家。

追梦的童年生涯

尼克·胡哲出生于1982年12月4日。可悲的是,他一生下来就没有双臂和双腿,只在左侧臀部以下的位置有一个带着两个脚指头的小"脚"。上帝给了这样的一个生命,这让他的父亲吓了一大跳,甚至忍不住跑到医院产房外呕吐;他的母亲更无法接受这一残酷的事实,吓得一直都不敢抱他。父母对这一残酷的现实痛心疾首,却得不到合理的医学解释。

但是,痛定思痛后,尼克的父母希望他能像普通人一样生活和学习,他们努力培养着尼克。"父亲在我18个月大时就把我放到水里,"尼克说,"让我有勇气学习游泳。"尼克的父亲是一名电脑程序员,还是一名会计。尼克6岁的时候,父亲开始教他用两个脚指头打字。后来，父母争取把他送进当地一所普通小学就读，就像正常的孩子一样，而不是就读残疾人学校。需要特别提出的是，尼克的母亲发明了一个特殊塑料装置，可以帮助他拿起笔。从此，尼克的学习生涯正式开始了。

尼克13岁那年，看到一篇刊登在报纸上的文章，这篇文章主要介绍的是一名残疾人自强不息，给自己设定一系列伟大目标并逐一完成的故事。他受到很大启发，从此树立起帮助他人的人生目标。如今，回想起那段备感艰辛的学习经历，尼克认为这是父母为让他融入社会作出的最佳抉择。他认为那段时间非常艰难，但正是这段经历，让他变得更加坚强和独立。

童年的不懈追求成就了今日尼克如此这般令世人瞩目的成就。他的故事，激励着无数的年轻人，他告诉我们不要轻易被现实打败，不要背离自己最初的梦想，不要让人生留下遗憾。追求一生的理想和目标是我们前进的动力和明灯。为了理想而付出，你就不会觉得遗憾，受苦受累，也会心甘情愿，最终实现自己的梦想。

一个人如果没有了追求，就如同河流里的树叶，随波逐流，毫无主见。而有追求的人，则是河里的游鱼，可以自由地追寻人生的梦想。一个人有追求，那么他就一定会向着这个目标一步一步地前进，尼克正是这样，才取得了今日的成就和辉煌。他的经历，彰显着困难、挫折并不可怕，该追求的时候就要毫不犹豫。

要勇于追求真爱

2012年12月9日，尼克·胡哲在郑州举行了一场名为"活出生命的奇迹"的万人演讲。他在接受媒体采访时分享了他与妻子认识的经历，用短短数语总结了两人的相识相恋相处的过程："我一开始是在达拉斯遇见她的,她只是对我说:'我住在洛杉矶'。然后接下来,我开始追求她六个月,我们在一起十二个月,然后订婚六个月,结婚九个月,再过两个半月,我们的孩子即将要出世了,这就是我们的过程。"

尼克的爱情经历着考验。曾经,公司的债务让尼克觉得自己一无是处,甚至他开始怀疑自己的人生价值。当时佳苗告诉他说,爱是没有价格标签的。并用言语和行动向尼克证明了,她感兴趣的不是尼克能给予她什么,而是想把她拥有的真诚、恒久、深刻的爱全部奉献给他。

事实上,佳苗不仅帮尼克撑起整个家,还成为他生活的一个美好桥梁和贤内助。她帮助尼克扮演好丈夫、兄弟、儿子、朋友、演讲家、布道家和事工领袖等各种角色。尼克后来在翻看自己过去的日记时发现,佳苗符合他之前所列妻子人选的每个条件,这是非常神奇的。传扬梦想的尼克·胡哲在受访时曾骄傲地说:"梦想真的会实现,佳苗就是在我身上实现的最大梦想。"

尼克勇于追求真爱,在该追求的时候毫不犹豫。静思我们的人生之路,如果容易得到还用追求吗?所以说无论风雨交加,选择坚持追求就没有错!人们最困难的不是生活的艰辛,而是看不到前途。最困扰一个人的事情不是没有钱,而是没有追求,看不到前途。请记住,勇于追求我们的目标,我们才会离它越来越近。

尼克·胡哲经典语录:

"失败后,我再尝试,一次次。我知道只要不断尝试,总有站起来的希望。只要你不放弃,那就不会是终点。只要你还在这里,那你总有再次站起来的机会。"

尼克·胡哲私人秘籍：

最初所拥有的只是梦想，以及毫无根据的自信而已。但是所有的一切就从这里出发，努力追求，光明和希望总是降临在那些真心追求并为之不懈努力的人身上。

你的态度决定未来高度

尼克·胡哲出生时罹患海豹肢症，天生没有四肢，因为绝望有过三次自杀的经历。他是澳大利亚第一个进入主流学校的残障儿童，也是高中第一位竞选学生会主席的残障者，并获压倒性胜利，被当地报纸封为"勇气主席"。他是第一位登上《冲浪客》杂志封面的菜鸟冲浪客，他在哥伦比亚潜水；在夏威夷与海龟游泳；他踢足球、溜滑板、打高尔夫球样样行。因为他一直坚信：态度决定未来高度。

灾祸从天降

祸从天降！一切来得毫无症状，眼前的孩子根本就没有四肢，一个像"小鸡腿"的残肢连着两根脚趾挂在左胯骨上！这让热切期盼第一个孩子降生的沃伊阿奇什夫妇茫然无措。他们抱怨上帝的不公，为什么要把这么残酷的命运降临在一个刚出世的孩子身上。

但是沃伊阿奇什夫妇很快便接受了这个现实，他们从最初毫无准备的惶恐中镇静下来。他们觉得这个孩子来到人世一定是有意义的。父亲以为这个孩子会过早夭折,但是他决定即便如此,也要时时刻刻陪伴他,绝不能放弃对他的希望!后来医生检查发现:孩子除了先天畸形,其他器官都很正常,从某种程度上来说,尼克算是一个"健康"的孩子。为了尼克的幸福成长,沃伊阿奇什夫妇给自己设定了目标:一定要让孩子快乐、健康地成长,让他感受到这个世界上的爱,做一个对社会有用的人。从此,尼克在父母的精心呵护下慢慢长大,不久,他的弟弟妹妹又相继来到这个家庭,在5岁之前,尼克的生活里充满了快乐。父母的爱,使他居然没有感到过没有四肢的生活和别人有什么不同。

尼克父母从小对待他的态度,决定了尼克未来不平凡的人生之路。尼克的事例说明了凡事有一个积极的态度,就已经成功了一半!人生在艰难苦痛时,需要有坚定不移、战胜一切的态度,因为态度将决定未来人生的高度。

找到目标活出自己

很快地,尼克到了该上学的年纪。尽管父母早已预料到尼克这样的身体情况在主流学校接受教育可能会处境艰难,但他们还是坚持不让尼克去特殊学校上学,他们希望尼克能够接受正常的主流教育,成为有用的人。一开始,校方断定像尼克这样的先天畸形儿智力上也一定是白痴,因此把他拒之门外。但是尼克父母据理力争,终于让尼克在主流学校就读,父母的努力,使他成为了澳大利亚历史上第一个在主流学校学习的残疾孩子,这一切,注定了尼克不一样的人生!

尼克能上学了,他欣喜若狂。尽管,他是坐着特制的电动轮椅到学校。在家备受宠爱的他直到上学的时候才意识到：他和别人是不一样的。全校的同学当中只有他一个人没有四肢，周围的同学拿他当怪物看。他曾经想借助假肢把自己变成和大家一样的人，但是他很快发现：就是戴上沉重的电子义肢，他也不能像同学那样跑跑跳跳，牵手做游戏。猎奇的目光和惊恐的尖叫就像钢针一样，这些都深深地刺伤着尼克的自尊。严重的残疾加上冷酷的蔑视，这一切都无情地摧残着尼克幼小的身体和心灵。

8岁那年，他在极度绝望之下，几乎要跳进家里的浴缸，把自己淹死，幸亏家人及时施救。父母在尼克苦闷彷徨的时刻给了他最大的关爱和安慰。

13岁的时候，妈妈把一份有关一位残障人士故事的剪报给他看，这彻底改变了尼克对自己和别人生命的看法。他认识到，人生如果缺少了种种创伤、痛苦和奋斗，那纯粹的快乐又植根于何处呢？他渐渐领悟到：不管我长得怎样，我就是我！外表并不重要，我是怎样的人才是最重要的。他意识到，也许自己会一直遭受嘲笑，但一定会有更多的朋友会接纳他。他和别人在人格上是一样的，而身体上的缺陷，自己无法控制，他只需要比别人付出更多努力来弥补。他决心不再为自己失去什么而抱怨，而要为自己目前拥有的一切感恩。

尼克对待人生的态度决定了他未来的成就。我们对于人生的态度也一样，有怎样的人生态度，我们就会拥有怎样的人生。因为，态度决定高度！在人生的旅途中，我们可能会遭遇磨难挫折；也可能会经历失落孤独；甚至会面对清贫嘲讽。但我们不能放弃，只要我们拥有矢志不移、乐观向上、持之以恒的人生态度，我们就一定会获得精彩、快乐、充实的人生！

尼克·胡哲经典语录：

"当你难过的时候，请你记住我的笑容……我们都会经历人生的起起落落，当你想放弃的时候，不要放弃，因为你是独特的，在你的人生中总能做一些独特的事情……不管你长得怎样，你就是你！你是独特的！外表并不重要，你是怎样的人才最重要。也许有人嘲笑你，但会有更多的朋友接纳你……"

尼克·胡哲私人秘籍：

我们生命历程中的每一次抗争都有特定的意义，而战胜困难唯一最有效的因素就是我们面对人生挑战的态度。

现在就做，立刻马上

在尼克的脸上，你永远看到的会是自信的微笑，他的眼睛闪烁着迷人的神采，他的足迹遍布全球。他一次又一次用自己的故事告诉大家，只要用心去爱自己，爱这个世界。便没有困境是不能跨越的，他用行动感动着世人。

推销演讲的天赋

尼克19岁的时候，他开始追逐自己的梦想，不断发掘自己的天赋，那就是通过自己充满激情的演讲和亲身经历去激励其他人，给人们带去希望和信心。"我找到了我活下去的意义。"尼克曾经这样说。有一段时间，他连续不断打电话给学校，推销自己的演讲。残酷的是，被拒绝52次之后，他获得了一个5分钟的演讲机会和50美元的薪水。尼克牢牢抓住这次机会，为他的演讲生涯拉开了帷幕。他的思路清晰，语言幽默，嗓音富有磁性。最关键的是，他有别具一格的人生经历与别人分享，给所有人坚持下去的力量。历经多年的磨砺后，他具备了异常坚韧的心智和丰富的阅历。这些精神上的素养完全弥补了他肉体上的缺陷，帮助尼克超越了大多数健全的人，并取得非凡的成就。

如今，他已经在全球34个国家发表了1500多场演讲，每年要接到超过3万个来自世界各地的邀请。所有看过他的视频，或听过他演讲的人，都从内心佩服这个曾被预言"永远得不到爱"的人。他在世人心目中已经成为与命运顽强斗争的典型象征，或者说，是一位真正的偶像。

尼克以实际行动践行了"现在就做，立刻马上"的重要性。我们不难发现，缺乏行动的人，都有一个坏习惯：喜欢维持现状，并且拒绝改变。这是一种深具欺骗和自我毁灭的坏习惯，因为正如人会生死一样，一切都在变化之中，没有不变的事物。但因内心的恐惧——对未知和失败的恐惧，促使很多人抗拒改变，即便现状令人失意，他们都不敢向前跨出一步，做出改变。看看那些本该事业有成，却一事无成的人，你就知道不行动的后果是多么可怕。

"现在就做，立刻马上"的行动派是积极向上的。他们会用决心燃起心灵的火花，想出各种办法来完成心愿，更有勇气克服种种困难。尼克就是这样行动派的典型。他依靠自己，牢牢抓住控制命运的机会，促使事情朝着好的方向发展，他在行动中实现梦想，升华了人生价值。

为信念行动

尼克为信念行动的方式就是周游世界各地发表演说，他鼓励人们相互关爱，并热爱自己。这个目标让尼克觉得满足，他真心相信这是他来到世上的真正初衷。

尼克在决定以"激励他人"为生命目标后，创设了"没有四肢的人生"非营利组织，组织各种创意丰富的行善活动。他获得各国、各界领袖接见，在国会上发表演说，并且经常在各国最大场地——体育馆、斗牛场、表演厅或巨蛋演讲，也不断造访着教会、学校、垃圾城、贫民窟、勒戒中心、监狱和红灯区等场所。

尼克播撒希望与爱的行动，获得了越来越多教师和家长的赞誉，他们认为应该把他的故事列入学校课程。迄今为止，已有6亿人听说了他的勇气人生。

拥有信念、信心和信仰是件好事，因为你的人生取决于你以这些为基础而采取的行动。我们可以充分利用自己所相信和信仰的东西来创造美好的生活。比如尼克，他就是因为相信自己能够给面临人生挑战的人带来鼓励和希望，并努力行动，从而为自己创造了美好而有意义的生活。

尼克的事迹感动并震撼着全世界。如果你相信自己能够让人生变得更加美好，或者相信自己能够造福我们的城镇、国家或世界，那么就请为这些信心行动起来。如果你认为自己的创业点子很好，那么就请投入时间、金钱和人力来实现它。如果你认定了一个希望与之度过后半生的人，也请行动起来，请牢记，你不会因此失去什么。实际的行动，才会增加实现梦想的可能。

尼克·胡哲经典语录：

"当你带着信心行动和寓信念于行动的时候，你也会获得满足感。如果你对自己的目标和如何为之行动缺乏持久而确定的信心，那么不要灰心丧气。我曾经挣扎过，至今仍在挣扎。你也会这样。我会失败，距离完美更是差了十万八千里，但是我们的所作所为本身就是成果——是诚心信奉真理至深的结果。"

尼克·胡哲私人秘籍：

生命中有些东西是不能控制和改变的，唯有改变自己的心态，热爱生命，奇迹才会发生。培养行动的习惯，不需要特殊的聪明智慧或专门的技巧，只需要努力耕耘，让好习惯在生活中开花结果即可。

每天多做一点儿，就离成功近一点

尼克·胡哲，一个没有四肢却演绎了无数生命奇迹的人。他没有四肢却拥有两个大学学位。他担任着国际公益组织"没有四肢的生命"的总裁，并且创办了自己的演讲经纪公司，同时投资房地产和股票。骑马、游泳、冲浪、打鼓、踢足球，对他来说都不是问题。他始终坚信"每天多做一点儿，就离成功近一点"。

和命运抗争的童年

"我18个月大时就被父亲放到水里，"尼克·胡哲说，"这让我有勇气学习游泳。"

尼克·胡哲的父亲在他6岁时，教他用手术分离的两个脚指头打字，这对于尼克来说是非常大的挑战。

后来，父母把尼克·胡哲送进当地一所普通小学就读。他行动时需要靠电动轮椅，还要有护理人员照顾他。母亲还发明了一个特殊塑料装置，帮助他拿起笔，学习写字。

没有父母陪在身边，尼克·胡哲难免受到同学欺凌。"8岁时，我因为备受欺凌而非常消沉，"他回忆说，"我冲妈妈大喊，告诉她我想死，死了也比现在要好。"10岁时，他试图把自己溺死在浴缸里，但是没有成功。这期间，父母一直鼓励他学会战胜困难，他慢慢地从阴霾中走出来，并开始有了自己的朋友。

直到13岁那年，尼克·胡哲看到一篇报纸上介绍一名残疾人自强不息的文章。他受到启发，决定把帮助他人作为人生目标。

如今回想起那段备感艰辛的学习经历，尼克·胡哲认为这是父母为让他融入社会的最佳抉择。"虽然那段时间对我而言非常艰难，但它让我变得独立"。

尼克的童年就是在这样和命运抗争中度过。身处困境而去拼搏能够产生巨大的力量，这几乎是所有成功者必须经历的法则。如果在工作中，你能比分内的工作多做一点。那么，这样不仅能彰显自己勤奋的美德，还能发展成为一种超凡的技巧与能力，使自己具有更强大的生存力量，从而摆脱困境和艰难。

任何宏伟目标的实现，都需要逐步地积累。我们如果能在每天都做一点点的基础上比别人多做一点点，日积月累就超越了他人。成功者不是一步登天，而是脚踏实地。在别人不肯多学习一点时，你坚持了，就等于多学了；在别人不肯多做一点时，你坚持了，就等于多积累了。从今天开始，让我们像尼克一样开启"每天多做一点儿"的智慧人生。

多做一点儿的耐心获得回报

尼克和他的团队曾计划在2008年进行"走向世界之旅"的演说，目标是访问14个国家。计划之初，他们设定了预算，并发起募款活动，希望通过募集资金，来支付旅行的费用。但是，当时因为募款人员不够专业，所以离目标还相差很远，大约只募集到所需费用的三分之一。

但是，尼克依然按照计划展开了行程，他去了乌克兰、哥伦比亚、塞尔维亚和罗马尼亚。回来后，他的顾问们都很担心接下来没钱如何来进行剩下的访问计划。尽管经费不足，又有安全疑惑，尼克还是决定去印度和印度尼西亚，并始终相信剩下的问题自然会有解决之道。

后来，发生了一连串令人惊喜的神奇。有一位叫布莱恩·哈特的男士听了尼克在佛罗里达的演讲，打电话来赠了一大笔钱给尼克的基金会。接着，尼克接到印度尼西亚联络人的电话，说为了尼克的演讲把香港的两座体育场租出去了，如果尼克去印度尼西亚，旅费就由他们负责。又过了两天，一个位于加州的慈善组织提供了更大一笔钱，这纷至沓来的款项足以支付尼克其余旅程的费用。短短几天内，世界之旅的经费已完全不成问题。

尼克凭借着自己多做一点儿的耐心获得了实现梦想的回报。事实上，你努力去多做一点，就等于播下了成功的希望。付出多少，得到多少，是因果法则，回报会在不经意间实现。每天坚持多做一点点是希望的开始，是成功的开始。俗话说："积少成多，积少成渊。"一点点的确不多，但如果没有一点一滴的付出，又如何有积累与收获呢？

尼克·胡哲经典语录：

"告诉自己再多撑一天、一个礼拜、一个月，再多撑一年吧，你会发现，拒绝退场的结果令人惊讶。只有拒绝再试一次的人才会被打败。"

尼克·胡哲私人秘籍：

成功不是靠一步登天，而是靠一步一个脚印走出来的，是经过长年累月的行动与付出累积起来的。虽然，失败者也会有行动，但成功者却是每天都多做一点点，多付出一点点，所以他比别人更早成功。

练就做事有条不紊的本领

相信每个第一次见到尼克·胡哲的人，都可能会难掩震惊。他就像一尊素描课上的半身雕像，没有四肢。但却发表了数千场演讲，成为感动全球的生命斗士。在生活的磨砺中，尼克练就了做事有条不紊的本领。

学会刷牙、写字，甚至能游泳、打球、冲浪

尼克的经历震撼着许多人。最令人钦佩的是，身残志坚的尼克从没有向命运低头，他克服了常人难以想象的困难，学会了刷牙、写字，能够基本自理日常生活。尼克的刷牙方法是什么呢？他将牙刷夹在脖子和肩膀之间的肌肉里，通过来回移动嘴巴进行刷牙。为了能够写字

和画画，父母专门制作了一个可以套在他唯一的那只脚上并夹住一支笔的塑料模型。这个模型，让尼克能够用脚写字绘画。令人欣喜的是，他的脚指头也能够灵活地在电脑上打字了。

更让人难以置信的是，尼克甚至学会了踢足球、游泳、打高尔夫球和冲浪。尼克18个月大时，就被父亲放进水中，教他学游泳。由于没有四肢，他在水中游泳时获得了一些意想不到的好处——他身体的80%都是肺，因此他能更轻松地漂浮在水面上，并能使用他作为"推进器"的小脚。而当尼克踢足球时，他的小脚还能帮他掌握平衡，完成踢打动作。此外，尼克还非常喜欢打高尔夫球，他总是用一根固定在下巴上的球棒来击球。2008年，尼克还来到美国夏威夷，跟独臂冲浪教练比萨妮·哈米尔顿学会了冲浪。

尼克没有四肢，却克服了常人难以想象的困难，他坚韧不拔、自强不息的精神鼓舞了世界上成千上万的人。他做事情坚持有条不紊，时刻保持着一种积极的生活态度。人们常说："习惯决定性格，性格决定命运。"如果我们从小就养成了做事有条不紊的好习惯，就更有可能收获好的性格，最终命运可能会改变。尼克的成功经历告诉我们，成功不是运气赐予的，也不是一蹴而就的。而是在日常生活中形成积极的生活态度，养成好习惯，并脚踏实地，才能走向成功。

赢得别人的信任需要付出

"最恶劣的残障，不是没有肢体，而是没有盼望的人生。"尼克说。身体残缺，并不代表心智残缺。尼克通过坚定的信仰和付出，开始展开积极的人生经历——克服别人对他的种种轻蔑、为难与挑战。他通过不懈学习运用"小鸡腿"及颈部肌肉等，终于练就能够自己穿衣、吃饭、打字、游泳、开快艇，甚至打鼓……的本领！他开始相信，上帝给他这个"与众不同"的身躯，是为了给他一个"异于常人"的精彩人生。

身为电脑程序员兼会计的父亲对尼克影响很大，尼克喜欢数学，数学成了他的强项。尼克曾经说过："父亲建议我念工商管理和从商，也鼓励我投资，所以17岁我便开始投资房地产和股票。我从会计和理财学位得来的知识，帮助我了解机构运作和财政状况。有一次金融海啸也令我的投资有所损失，但深信慢慢等候，经济总会反弹。同样，人生也会有起有跌，不应该这么容易放弃，反而是要继续坚持，那一定会变得坚强。"

尼克从小就学会按计划做事，养成好的习惯，对自己的一生都有很大益处。他通过这些付出逐渐赢得人们的信任。在这些艰辛的付出中，他做事情始终有计划，并严格按照计划有条不紊地进行。

古人说："凡事预则立，不预则废。"西方经济学家也阐明了这个道理："虽然我们无法预见未来，但如果我们没有根据当时所得到的信息而制订未来的计划，我们就无法合理地行事。"做事有计划并有条不紊的人想问题会比较周全，往往给人一种稳重的感觉，更能赢得别人的信任，更有机会获得良好的人际关系。尼克正是练就了做事有条不紊的本领，才取得了今日的成就。相信自己，从今天开始，从现在开始，让我们做事情有个计划，并有条不紊起来吧。

尼克·胡哲经典语录：

"最大的欺骗莫过于以为自己不够好，以为自己毫无价值。"

尼克·胡哲私人秘籍：

做事情有条不紊，既是一种积极的做事习惯，也是一种积极的生活态度。珍惜时间，追求学习质量和做事效率，更有利于达成目标。

做人要认真但不能较真

他是尼克·胡哲，他一生下来就没有四肢，只在左侧臀部以下的位置有一个带着两个脚指头的小"脚"。他是企业总监，拥有两个大学学位，更于2005年获得"杰出澳洲青年奖"。他为人乐观幽默、坚毅不屈，热爱鼓励身边的人，他的足迹已踏遍世界各地，接触逾百万人，激励和启发无数人的人生。他的做人原则是认真但不能较真。

对自己的人生认真负责

尼克·胡哲的身体有严重的残疾，但绝望过后的双亲痛定思痛后并没有放弃对儿子的培养，而是希望他能像正常人一样生活和学习。父亲在他18个月大时就把他放到水里，让他有勇气学习游泳。在尼克6岁的时候，父亲开始教他用两个脚指头打字。父母对他的人生非常负责，坚持争取把他送进当地一所普通小学就读。

尼克曾经一度非常消沉，几次想自杀，但是没能成功。在这个艰难的过程中，父母一直鼓励他战胜困难，做一个坚强有用的人，他也渐渐交到了朋友。13岁的一天，尼克看到一篇报纸上的文章，他从一名残疾人自强不息，给自己设定一系列伟大目标并完成的故事中得到启发，决定把帮助他人作为自己的人生目标。

经过长期训练，残缺的左"脚"成了尼克的好帮手，他保持身体平衡、踢球、打字，全靠这只小脚。他要写字或取物时，也是用两个脚指头夹着笔或其他物体。

如今，回想起那段异常艰辛的学习经历时，尼克认为这是父母为让他融入社会作出的最佳抉择。"对我而言那段时间非常艰难，但也只有这样，我才能变得像现在这样独立"。日后，他凭着这种精神和艰苦努力，获得了"金融理财和地产"学士学位。

尼克的励志传奇人生经历充分说明了做人认真但不能较真的道理。试想，如果尼克一直纠结于自己身体的残缺，并对此耿耿于怀，在这件事情上较真，那么便不会有今日的成就。做人是一门学问，需要认认真真，需要脚踏实地；但也不能太较真，认死理。"水至清则无鱼，人至察则无徒"，太认真了，就会对什么都看不惯，连一个朋友都容不下，到最后就是把自己同社会隔绝开。

古今中外，凡是能成大事的人都具有一种优秀的品质，就是认认真真做事，于小处不计较。他们胸怀豁达而不拘小节，大处着眼而不会鼠目寸光，并且纠缠于非原则的琐事，在此基础上，才能成大事、立大业，成为不平凡的伟人。尼克的人生，正给我们树立了一个很好的榜样。

交到朋友，融入正常的社会圈子

尼克·胡哲从小被父母送进当地一所普通小学就读。身体的残缺，没有父母的呵护，他常常受到同学的欺凌。为此他几次要自杀，但是都没成功。幸运的是，父母一直鼓励他学会战胜困难，他逐渐找到了信心，交到了朋友。

靠着坚定的信仰、家人的支持和朋友的陪伴，尼克的信心一天天增长。他相信除了外表不同，他跟其他人是一样的。他的自信和乐观渐渐赢得其他学生的尊重，大家认为"尼克爱所有人"。此外，尼克还发现自己很有演讲天赋，这让许多人尊敬他，他被全校学生票选为小学的学生会主席、高中的学生会副主席。

人们总是认为，身体有严重缺陷的人会活得没什么生趣，甚至易怒、退缩。事实上，这也是大多数身体残缺的人的生活常态。因此，当大家发现尼克竟然过着大胆且充实的生活时，难免感到意外——他就是喜欢让人吃惊。

尼克做人不那么较真，才赢得了朋友，获得了大家的认可，并融入正常的社会圈子。人非圣贤，孰能无过。与人相处就要互相谅解，要"难得糊涂"，求大同存小异，有度量，能容人，这样慢慢地就会有许多朋友，才能左右逢源，诸事遂愿；相反，"明察秋毫"，眼里容不进半粒沙子，过分挑剔，什么鸡毛蒜皮的小事都要论个是非曲直，容不得别人，人家也会躲你远远的，最后你只能关起门来"称孤道寡"，成为使人避之唯恐不及的人。

尼克·胡哲经典语录：

"如果别人没有给你奇迹，你就去成为奇迹。"

尼克·胡哲私人秘籍：

做人是一种态度。领悟人生的真谛，塑造辉煌的人生，只需要从细节做起。认真而不较真的人生会使我们从容而执着，会使我们变得宽宏大量，成功的机会和希望就会大大增加。

最短的路并不一定是最快的路

很多人做事时喜欢走快捷方式，希望能够不劳而获，且以为最短的路可以用最小的体力最快到达目的地。然而结果却往往事与愿违。尼克·胡哲，虽然身患重度残疾，但他却不以悲情的态度面对人生，而是以积极乐观的心态自若处置。他在处世上有着独特的智慧。他用积极的人生态度，告知世人：最短的路并不一定是最快的路。

安装义肢，反被束缚

尼克到了该上小学的年纪，爸妈再次努力游说各方，希望自己的孩子能够不被排除在一般教育之外，能够像正常的孩子一样，接受传统教育。他们靠着坚定不屈的信念，使尼克成为澳大利亚第一批进入主流学校就读的身障学童之一。事实上，尼克在主流学校表现得非常好，地方报纸都报道了他的事迹，标题是"融入主流，身障儿大放异彩"，还附上一张妹妹蜜雪儿跟他一起坐在轮椅上的大照片。这篇报道一经发表，立刻引起了全国各地的关注，尼克获得了政府官员的来访，还收到卡片、信件、礼物，以及来自全国各地的邀请。

媒体报道之后，尼克获得了社会各界的广泛关注。陆续的捐款也在经济上帮助了尼克的父母，他们要为尼克安装义肢。父母从他1岁半开始，就尝试让他适应人工四肢，虽然他的义肢起初体验是一只不怎么好用的手臂，因为这只用滑轮和杠杆操作的机械手臂差不多有尼克整个人的两倍重。

装上这个新玩意儿，光是保持平衡就困难重重，尼克经过了好长时间练习才搞定。之前他已经可以很熟练地用小左脚、下巴或牙齿抓东西，但这只新加入的手臂似乎只是让他平常能够做的事变得更困难。无法好好利用它，父母起先也很失望，但尼克愈来愈有信心，觉得靠自己也能做得很好。他鼓励父母往前看，并感谢他们的支持和帮助。

坚韧不拔是一种力量。第一个人工手臂实验失败了，但尼克仍相信一切会有最好的结果。机遇一定会光顾愿意付出的人。当地的狮子会被他的乐观和高昂的士气感动了，他们为尼克募集了20多万美元，以支付医疗和一部新轮椅的费用。这些募捐来的钱也让尼克可以到加拿大多伦多，去试用由一家儿童医院设计出来的电子手臂。然而，最后连医学专家也认为，尼克不用义肢，单纯靠自己，做事效率可能还会更高一些。

一般情况下，残疾人要想像正常人一样行动大多依靠义肢，来弥补自身的一些不便。但是，尼克用自己的亲身经历告诉我们：最短的路并不一定是最快的路。快捷方式虽然是最短的路，却未必是最快的。因为，他不装义肢，反而更方便。生活中，没有人会不工作却因为赌博而成为富翁，也没有多少学生从不上学却因为上补习班而考得全优的成绩。相反，因为走快捷方式而赔上时间、金钱甚至是生命的，往往很多。生活中，就有不少人因为嗜赌而欠下高利贷，不但家破人亡，还赔上了宝贵的性命。

人生的时间是有限的，机会也是有限的。有许多人，穷其一生都在找最短的路，结果每每走进死路里，把大好的时间和青春都浪费掉了。尼克虽然没有安装义肢，但他却用没有四肢的身体，完成了众多常人难以想象的事情，他甚至能用唯一的小脚操作量身定做的电动轮椅、电脑和手机，行动更加自由。

一波三折、好事多磨的爱情

对于天生缺少四肢的尼克·胡哲而言，他也许可以突破极限，尝试游泳、冲浪，甚至高空跳伞，但拥有婚姻却是人生中一直都不敢奢求的事情。

这一切都始于尼克2010年4月的一场演讲。"那是我这辈子见过最迷人、最热情的双眸，我深深被她吸引，很难把注意力集中在演讲上。"从来不确定自己是否能遇见另一半的尼克，却用"一见钟情"形容当时的感受。

然而，当时碍于面子不敢轻举妄动的尼克，后来只以手机简讯向好友表达对某位女孩的强烈好感，因为没讲明对象，让人误以为尼克喜欢的是佳苗单身的姊姊。直到误会澄清，尼克才知道佳苗已经有位交往一年的男朋友。

后来，两人的爱情也风波不断、磨难重重。对佳苗而言，尼克创办的机构遇上了财务危机，这考验着两人的爱情；而佳苗是否真能接受一辈子都无法拥抱自己的男人并和他共组家庭、共度一生，同时也考验着尼克的信心。所幸的是，通过两人的不懈努力，他们最终收获了爱情。

尼克的爱情故事，显然多转了几个弯，他走了比常人长一些的爱情之路，虽然会累一点，吃苦多一点，却收获了更加忠贞不渝的爱情。生活中，捷径往往不一定是最佳道路，最短的路不一定最快。有时，多转一个弯，胜利就属于我们。当然，走直线也会胜利，但可能不如前者方便。要知道，有些时候，两点之间曲线可能更"短"。

尼克·胡哲经典语录：

"在悲伤的另一边，有一条不同的出路。会让你更坚强、更坚定，让你找到自己想要的人生。我会为你点出这条路。"

尼克·胡哲私人秘籍：

快捷方式并不好走，不但荆棘满途，而且充满危险，也没人可以保证你走的路一定可到达终点。转换思维，走长一点的道路，可能更快到达终点。

不要被完美主义拖住了脚步

尼克·胡哲天生就没有四肢，但是他却用不完美的身体书写着完美的人生。他在不断地突破着自身的极限，他尝试游泳、冲浪，甚至高空跳伞，还拥有了曾经不敢奢求的婚姻。他的人生从来没有被完美主义拖住脚步。

我和世界不一样

尼克的诞生，给父母带来的不是惊喜，而是惊恐：这是一个"海豹肢症"患儿，一个没有四肢的怪物。父亲吓得跑到医院的产房外呕吐，母亲甚至不敢靠近他。

父母无法接受这个残酷的事实。他们四处求医，但整个澳大利亚没有一个医生能给出合理的医学解释。而尼克·胡哲的情况比一般的"海豹肢症"患儿还要糟，他完全没有双臂和双腿，只是左侧臀部以下长出一只带着两个脚指头的小"脚"。

不过，尼克幸运地生在了一个充满爱的家庭里。父母在经历了最初的惊愕和痛苦后，接纳了现实，他们打算接纳这个孩子，并用最大的努力来养护这个孩子。

妈妈在他 13 岁的时候，剪下报纸上的一篇文章给他看，告诉他有一个残疾人为自己设立了一个个人生目标，并且逐一去实现，也可以走出困境，找到人生的意义。文章中主人公的一句话深深打动了尼克："上帝把我们生成这样，就是为了给别人希望。"

尼克终于明白了，自己不是这个世界上唯一不幸的人，自己也不是一个没有"明天"的人。他知道自己残缺的身体是不完美的，但他选择了坚强的生活态度。尼克在承受挫折的同时，没有再去追逐健全完美的身躯，他用不完美的身体书写了一个个可能。

每个人都有失去自信，怀疑自己能力的时候，尤其是在逆境中的时候。但真正好心态的人，却可以用坚强的毅力去克服它，会告诉自己每个人都有失意的时候，甚至有失意到很惨的时候。面对失意和不完美的人生际遇，不要抱怨什么，尼克坚信这才是生活的常态，他在不完美中追寻着自己打造的"完美"生活。

不做完美主义者

当尼克在世界各地旅行时，常会看到人们遭遇的各种不幸和磨难。他见过生重病的孤儿、被强迫卖淫的少女、穷到没钱还债而坐牢的男人，等等，这些让他对自己拥有的一切心怀感激，不再纠结于自己没有或缺乏的东西。

苦难到处可见，而且常常是令人难以置信的残酷。然而，即使在最糟糕的贫民窟和最可怕的悲剧里，尼克看到了人们不只是活着，而且从苦难中茁壮成长，这让他觉得振奋。

尼克去过世界各地最穷苦的贫民窟，那是埃及首都开罗郊外一个叫"垃圾城"的地方，那是最烂的贫民窟，那里的环境算是最差的，但他却在那里找到了欢乐。因为那里同时也是最温暖人心的地方。他和大约150个人挤在一栋很小的水泥建筑里，那是他们的教会。当尼克开始演讲时，听众散发出的单纯的喜乐和简单的质朴，让他备受感动，他的人生极少如此充满祝福。尼克告诉听众自己是如何改变他生命，他感谢那里的听众因为有信仰而得以超越恶劣的环境，乐观地生活。

以上事例，说明即便生活很不完美，我们依然可以有乐观完美的生活。尼克从中受到启发，不做完美主义者。他的人生之路越来越精彩。完美主义的人做每一件事都要求尽善尽美，不能有一点瑕疵。如果还没把握一定做到很完美，就可能会继续等，可是等到完全有把握的时候已经晚了。这样一来，就常常会把事情拖到最后。而且一旦拖到最后，完美主义者就会用借口给自己找理由。比方说，我只有一个晚上做，这样，就容易承受挫折，反正是情势所逼，不是我不够好。尼克坚决不做完美主义者，他坚信只要自己尽力了就好。

尼克·胡哲经典语录：

"不要执着于自己的不完美、失败或错误，而是要把焦点放在你所领受的祝福，以及你可以做出的贡献，无论贡献的是才华、知识、智慧、创意、勤奋，或是一个滋养人心的灵魂。你不必达到别人的期望而活，你可以定义自己的完美。"

尼克·胡哲私人秘籍：

完美主义是我们追求进步的动力，但它也有可能变成让人停滞不前的阻力。不被完美主义拖住脚步，不做完美主义者，大胆冒险，你会发现另有一番风景。

你必须认真抓住每一次机遇

尼克·胡哲，他一生下来就没有四肢，但是他并没有被这个状况限制住。他在世界各地旅行，鼓励了上百万人以信心、希望、爱和勇气克服逆境，追求自己的梦想。他鼓励人们必须认真抓住每一次机遇，来成就梦想。

童年最棒的惊喜

尼克的父母曾经为他的未来非常苦恼和发愁。不过，后来事情的发展并没有他们想象的那么严重。他们的未雨绸缪没有起到什么效果，最可怕的梦魇甚至变成了最棒的惊喜，人生很多事的最后结果经常是美好的。

尼克曾经表示，他童年最棒的惊喜之一，是学会掌控自己那只小小的左脚。最初，他出于本能地用小左脚来滚、踢、推和撑住自己，父母和医生则认为这只便利的小左脚应该可以发挥更大的作用。尼克的小左脚有两个趾头，不过出生时这两个趾头黏在一起，而父母和医生认为动个小手术分开这两个趾头，会让它们使用起来更像手指，可以做些握笔、翻页之类的事。

尼克和他的父母抓住这个机遇。事实上，他的生活品质的确因为两个脚指头的分开而产生了质的飞跃。虽然它们没办法像医生期望的那么好用，但尼克通过调适，已经能很好地应对了。对一个没有四肢的小伙子来说，这么一只小脚和两个趾头已经非常管用了。这个手术加上新科技，使尼克可以操作为他量身定做的电动轮椅、电脑和手机，行动也更加自由了。

现在的社会是一个激烈竞争的社会，竞争过程中机遇与挑战并存。有些人，虽然具备了追波逐浪的底气，但在机遇来临时，却轻易放弃，结果错失良机，成为一生的遗憾。有些人，对自己的内在潜质不够自信，在机遇来临时，犹豫不定，畏首畏尾，缺乏考验自己、挑战机遇的勇气，结果丧失成就自我的机会。尼克能取得今天的成就，与他童年抓住小左脚两个趾头分离术的机遇密不可分，正是分开的两个脚趾才让他更加灵活、更加自信，助力他取得今日的成就。

原来我的演讲可以帮助人

有一天，尼克对着大约 300 名青少年演讲，尼克回忆认为那大概是听众最多的一次。而且，他在分享自己的感受和信仰时，发生了一件奇妙的事。通常当尼克谈到他面对的挑战时，偶尔会有学生或老师流泪，但那一次，有位女孩竟然崩溃到大哭的地步。尼克不太确定到底发生了什么事——他甚至担心自己的演说是不是触动女孩某段糟糕的记忆。而且，这个悲伤流泪的女孩鼓起勇气举手发问，说她可不可以到前面来拥抱尼克。当时，尼克非常惊讶。

在那之前，尼克还常常怀疑自己的价值，他认为自己不过就是把这种小小的演讲作为接触其他青少年的通道。但这个女孩改变了尼克看事情的观点，他开始意识到自己的演讲可以帮助别人，他很快乐。"或许我真的有些什么可以贡献出来。"尼克当时心想。

后来，尼克进入不计其数的学校、教会、监狱、孤儿院、医院、体育馆和会议厅等场所，他接触到了许多人。更棒的是，他曾经面对面拥抱过数以千计的朋友，让人们知道自己是珍贵的。同时，尼克也很开心告诉人们，相信每个人的生命都有计划，他这个奇特的身体，就是为了让他具备振奋人心、鼓动心灵的能力。尼克又一次成功抓住自己人生的机遇！

在生命的长河里，冥冥之中，仿佛有一根线牵着你的行动，引领着你的思维去选择什么，或者放弃什么。很多看似偶然发生的事情，其实存在着必然的因素。这个偶然的因素是机遇，这个必然的因素就是你的决定。尼克用自己睿智的人生态度，抓住了人生的机遇，并不断向前迈进着。

尼克的人生是不平凡的，他的人生经历告诉我们：机遇对于每一个人来说，都是平等的，能否抓住机遇，关键在于自己。要想准确抓住机遇，一定要充分了解自己的优势和不足，以及自己将来发展的愿望，并具备一定的机能，这样才能抓住机遇。

我们从尼克的智慧人生获得启迪：人生一世，虽然无法左右机遇，但我们可以提高自身的素质，为抓住机遇创造条件。请相信，如果我们的知识丰富了，能力增强了，气质高雅了，思想意识得到了升华，那么就会很容易得到机遇的青睐。

尼克·胡哲经典语录：

"总有一天，总有机会。"

尼克·胡哲私人秘籍：

在机遇面前，锻炼得越多，经验就越丰富，你的心理素质和应变能力就越强，在未来的机遇面前就越能做到泰然自若，游刃有余。当机遇来临时，善于把握自己，发挥潜质，展示自我，或许，成功就在眼前！

生命的意义在于全心全意地投入

我们经常会思索生命的意义是什么。其实,生命的过程就是一个人赤裸裸地来到这个世界体验生活的全过程。这个过程是否精彩,是否有意义,是否有价值,取决于我们对生活的态度和认识。尼克·胡哲这个没有四肢的全球励志演说家,用他的故事讲述着生命的意义,那就是——全心全意地投入。

要不要站起来,完全取决于你

当尼克决定以演讲为自己的事业时,一向支持他的父母都在质疑他的决定。父亲认为,从事会计工作会比较适合尼克的状况,也能让他有个比较好的未来。

尼克的情况,从许多方面来看,选择会计业确实比较合理,毕竟尼克的数字能力十分出色。但是,从很早开始,尼克就十分热切地想与人分享他对更美好人生的信仰与盼望。尼克因为找到生命真正的目标,并发出无限的热情,他全心全意地投入,并为了追求这个目标而活。

事实上,他全心全意投入的演讲事业获得了巨大的成功,他已经和全世界超过两百万的人分享着个人的经历与生命的盼望。

尼克成功地站了起来,因为全心全意为梦想投入的人生态度激励着他。他以自己的行动和成果向世界宣告:每个人在这个世界上都是有意义的,不管你长得怎么样、不管你赚多少钱。

生命的意义是一个人的思想素质、精神境界、职业道德的综合反映。一个人带着责任感和使命感，全心全意地投入到学习和工作中去，才能成就自身的梦想。哲人曾经说过，心态决定一切。请相信，要不要站起来成就自己的梦想和事业，完全取决于你自己。正是因为尼克全心全意地投入，所以，他成功了，他用自己的人生态度获得了世人的认可和尊敬，让自己的生命更加有意义。

全心全意地享受生活

尼克喜欢各种新挑战，比如刷牙，他把牙刷放在肩膀和脖子间，靠移动嘴巴来刷，有时确实很困难，也很挫败，但他最终解决了这个难题。"我们经常会在第一次失败后就决定放弃，生活中有很多无法改变的障碍，但我学会积极地面对，敢于尝试，永不放弃。"尼克在他的演讲中曾经如是说。

尼克在答记者问时，他的精神头十足，说话幽默而又风趣，而且非常细心，即使面对记者不停地抢问，他也会很细心地照顾被挤在一边的记者。并且很有礼貌地说："稍等，请稍等下这位记者，""您好，请问您有什么问题要问吗？"间或自己熟练地喝水和喝咖啡，并用自己的小左脚不经意地把玩自己的手机。

尼克的生活完全能够自理，独立行走，上下楼梯，下床洗脸，打开电器开关，操作电脑，甚至于每分钟能敲打出 43 个字母，他对自己"谜"一般的身体充满感恩。他父母一直教他不要因为没有拥有的而生气，要为自己拥有的而感恩。他没有手和脚，但他很感恩还有左脚掌及相连的两个趾头的小左脚。尼克曾经调侃，他们家小狗曾误以为他的小左脚是鸡腿而差点吃了它。尼克用这两个宝贵的趾头做很多事，走路、打字、踢球、游泳、弹奏打击乐……他在豁达与乐观中全心全意地投入与享受着生活。

尼克就是这样一个脚踏实地,一步一个脚印,随遇而安、活得真实而洒脱的人。他坦然面对自己的身体缺陷,全心全意地投入并热情地生活,为自己的人生不断努力。生活中,我们经常会看到有人在朋友圈里发出抱怨社会和厌倦生活的语言,不是抱怨人际关系的纠葛,就是抱怨社会关系的不和谐。看看尼克的人生,我们是多么汗颜,我们应该像尼克一样生活着。

很多时候,人生所需要的不仅仅是执着和热情,更需要在经历了厌倦之后的深刻的顿悟和改变。生活中的我们,不论在经历什么,请记得有一个叫尼克的人,他用全心全意投入生活的态度诠释着生命的意义和人生的精彩。

尼克·胡哲经典语录:

"如果你还没走到你想要的境界,或是还没实现自己的希望,主要原因很可能出在你身上,而不是你的周遭。负起责任、采取行动吧。然而首先,你必须相信自己、相信自己的价值,不能躲起来干等别人发现你,也不能坐等奇迹或时来运转。请想象世界是一锅热汤,而你是一支棍棒——搅动起来吧!"

尼克·胡哲私人秘籍:

生命只有一次,好好把握自己的生命需要全心全意地投入。请记住,这是对自己负责,更是对家人负责。当你全心全意投入后,你会发现别样的精彩。

尼克·胡哲

永不放弃的心，比钻石还珍贵

Part 05
我的心态观
如果不能创造奇迹，那就让自己变成一个奇迹

乐观的人，生活也会变得越来越美好。因为乐观可以给自己的世界增光添彩，指引人生的方向。乐观能创造什么？尼克·胡哲的完美回答是：如果不能创造奇迹，那就让自己变成一个奇迹。他自身的传奇经历，也恰恰说明了这一点。

生命是一棵长满可能的树

相信很多人知道尼克·胡哲的经历，都会想这样一个问题：如果我和他一样，没有四肢，我会像他一样乐观生存吗？会游泳吗？会跳水吗？会踢足球吗？会打高尔夫吗？甚至钓鱼、冲浪、开快艇吗？会有满脸的灿烂笑容吗？

可能很多人的答案都是否定的。甚至尼克能做到的事情，我们作为正常人都未必能做到。尼克的经历告诉我们：生命是一棵长满可能的树。

创造半身奇迹

没有四肢，但是父母呵护着他，没有让他去上专门的残障学校。但是，这同样也给尼克带来了生存的压力。同学们异样的眼光，很多不能完成的事情，曾一度使尼克想要放弃自己的生命甚至是自杀。然而，当我们见到尼克时，看到的是他笑得那么爽朗和大声；他畅谈自己曾经自杀的心理和成长过程，我们折服于这样强大的内心，这是一个无比乐观的人，他把所有的打击和嘲笑变成力量来让心灵成长。

他对自己"谜"一般的身体充满感恩。他甚至感恩自己还有一只"小鸡腿"。尼克用这两个宝贵的趾头做很多事，走路、打字、踢球、游泳、弹奏打击乐……他待在水里可以漂起来，主要是因为他身体的80%是肺，"小鸡腿"成了推进器。因为这两个趾头，他还可以做V

字，每次拍照，他都会把它跷起来。尼克在他的演说中，也经常跷起他的两个趾头，绽出满脸的笑容。

这就是尼克，他乐观地面对着人生。在常人的认知世界里，像尼克这样没有四肢身体残缺的人，是不可能实现这些的，他乐观地生活着。但尼克把常人认为的不可能变成了可能。他是好样的，他用"半身的奇迹"鼓舞着我们去创造未知，创造一个个可能。

现实生活中，尤其如此。很多时候，美好往往经不起长久的凝视，因为美好经常在凝视中凋零。生命经不起长久的思考，因为死亡总横亘在思想的尽头。英雄经不起时间的考验，因为许多英雄都是老来失节。童话禁不起往下猜想，因为王子与公主常是两个世界的人。这些话语，看似残酷，却道出人生的真正内涵。生命不可预测，但却充满各种可能。不要想得太多，因为没人知道下一刻你到底是位列天堂还是身处地狱。我们能做的，只有不停地努力，因为一切皆有可能，因为生命是一棵长满可能的树。

原来爱情里也有童话

1990年，8岁的尼克·胡哲想起自己的未来，心中充满了灰暗。他没有想过自己会结婚，甚至觉得即使自己结婚了，也不能牵着太太的手，他甚至不能在婚宴中跟自己的新娘子跳舞。

2012年12月9日，尼克·胡哲在郑州举行了"活出生命的奇迹"万人演讲后，在接受当地媒体采访时分享了他与妻子认识的经历，短短的一句话就总结出了两人从相识、相恋到相处的过程："我们是在达拉斯遇见的，她只是对我说：'我住在洛杉矶'。接下来，我开始追求她六个月，我们在一起十二个月，然后订婚六个月，结婚九个月，再过两个半月,我们的孩子就要出世了,这就是我们的过程。"

尼克的爱情犹如童话般美好。他用自己的真诚和信念,创造了人生的又一个奇迹。"我的太太就快出现了,虽然我无法牵着她的手,但我不需要用手就可抱着她的心,她的心是我最想拥抱的。"尼克在演说时,满脸洋溢着幸福。其实,真爱就是这么简单。对于天生缺少四肢的尼克都收获了自己的爱情,请让我们相信生命中的每一个可能,积极面对自己的人生,相信就会有奇迹出现。

尼克·胡哲经典语录:

"我有好的时候,也有糟糕的时候,不时地面临挑战。然而,我知道,在我的软弱之处,神是强大的。当我们把信仰付诸行动时,我们是不可阻挡的。"

尼克·胡哲私人秘籍:

努力坚强,虽然我们不知道未来是什么,但只有努力了才能变不可能为可能。

总有一天,总有机会

1982年12月4日,一个没有双臂和双腿的孩子降临到了这个世上。他天生就没有手和脚,并且始终得不到医学上的合理解释。但是,凭着他的信心日益成长,他坚信"总有一天,总有机会,我能成就自己"，这个信心的力量帮助他战胜了普通人认为不可战胜的事情。他就是——尼克·胡哲。

靠着自身的力量，凡事都能做

尼克说："我生命中唯一的恐惧，就是害怕自己忘了上帝曾如何引领我。"他天生残缺没有四肢，但勇于面对和正视身体残障，并且创造了生命的奇迹。

这样一个曾经让父母恐惧的"怪胎"，如今却取得了令大多数健全人都望尘莫及和不可思议的成绩：骑马、打鼓、游泳、踢足球，尼克样样皆能，在他看来世上没有难以办成的事。尼克还告诉同龄人："如果别人没有给你奇迹，你就想办法去制造并成为奇迹。"

尼克认为拥有一个健全的心灵、信仰的力量比什么都更重要。他的演说激励着无数的生命，让听众们知道上帝创造每一个人都有着美好的旨意。他用自己的传奇经历，获得了全世界的认可与尊敬。

坚信"总有一天，总有机会"，尼克创造了自身的奇迹。生活中，我们每个人都有出彩的机会。出彩之事，并非惊天动地，也许只是需要坚持、循序渐进。每个出彩的人生，都要经历苦难、挫折，都要历经磨难。一分耕耘，一分收获。天上不会掉馅饼，每一丝文明都需要鲜血和生命的祭奠。准备获得出彩的机会，就准备奉献。

尼克的成功不是偶然的，是无数个坚持和付出后的必然。每个人都有觉得自己不够好，羡慕别人闪闪发光的时候。请相信，大多数人都是普通的。不要沮丧，不必惊慌，相信自己，每个人都有自由翱翔天空的机会，前提是必须经过多日的历练和搏击，才能拥有丰腴的羽翼。亲爱的朋友们，让我们为个人出彩增加磨难场，让人生变得更加出彩。

遇见我的百分百女孩

勇敢的尼克·胡哲与美丽的宫原佳苗结婚了，这是多么幸福美好的童话般的爱情。所有知道这个消息的人都感到无限欣慰，甚至感动到不禁落泪。尼克·胡哲先前在谈到与宫原佳苗的结合时说："这是继我的出生、得蒙救恩、与神建立的关系后一个莫大的祝福。"

对于爱情，多年前在一次演讲上，尼克曾提到上帝为他预备好了美娇娘，就等他去找到她。据尼克的朋友透露，尼克一直都渴望着结婚，渴望着生儿育女。他过去也曾经交过几个女朋友，并得到过许多女性的求婚，但却始终未曾遇到一位真正情投意合的意中人。

直到2010年，尼克在一次演讲时，事情发生了转变。尼克认识了日裔美女宫原佳苗，并与之一见钟情。众多听过尼克励志演讲、深受尼克激励的朋友纷纷在尼克的网页上留言，表达出对二人最诚挚的祝愿。网友对尼克·胡哲和宫原佳苗的结合充满了祝福，尤其对新娘宫原佳苗充满了钦佩。因为在与尼克交往的近两年时间中，宫原佳苗表现得十分低调，她并没有借助尼克的声誉和自己的美貌肆意炒作，而是在尼克的身边默默无闻，尽心竭力，料理着尼克的生活。

总有一天，总有机会。这一天，还是被尼克等到了。他遇到了自己心目中百分百希望的妻子，成就了一段真爱传奇。生活中，我们渴望得到真爱，相信缘分之说。有人说，每个人在出生前，就被分成了两半。所以，每个人都需要努力寻找自己的另一半，渴望收获自己的爱情。

爱情需要等待。在爱情面前，人们往往在等待，在守候，守候那个几乎一无所知的另一半，尽管对其一无所知，但是我们却仍旧固执地默默等待着、守候着。请相信，总有一天，总有机会，我们会遇到自己命中注定的那个人。尼克收获了爱情，他的执着与坚持，他乐观渴望爱情的心态，无一不是收获甜蜜爱情的必备因素。朋友们，你们准备好了吗？坚持和坚守自己的真爱，让我们相信总有一天，总有机会。

尼克·胡哲经典语录：

"我仍热爱生活，因为我对生存充满渴望。"

尼克·胡哲私人秘籍：

机会总会留给有准备的人。为了自己的人生梦想，总有一天，总有机会，你会站在最亮的地方，活成自己曾经渴望的模样。

乐观面对生活，死神都会怕你

一个健全人和一个残疾人，最根本的区别不是能力的差别，而是对人生理解的两个截然相反的境界。尼克·胡哲，一个"传奇"的人物，他是一个残疾人，他生下来就没有四肢，但却活得坚强乐观。他坚强、勇敢、乐观地面对人生中的困难，不气馁，不因为几次失败而轻言放弃。

乐观地活着

在很小的时候，尼克·胡哲知道自己没有四肢，但当时的他并没有觉得自己和别人有什么大的不同。可是，当进入幼儿园，同学们对他的残障发出嘲笑时，他才首次感到自己的长相很怪异，且常常因为别人的排斥而觉得孤独。

在尼克·胡哲 13 岁那年,他从剪报中获得启示,这不但改变了尼克对自己和别人生命的看法,而且也扩展了他的视野。尼克认识到,原来他不是这个世界上唯一一个拥有无法解释及医治的残障受害人,他应该感谢父母赐给自己的一切,而不是继续颓废下去。由那天开始,他尝试凡事感恩,抱着积极与乐观的态度生活。

对于尼克·胡哲来说,上天是不公平的。出生时就没有四肢的情况,对于普通人来说,太令人难以接受。恐怕连活下去的勇气都没有。可是尼克·胡哲却乐观地生活着。"身残志坚"可以说是对尼克·胡哲最好的阐释了。人生的苦难不可怕,可怕的是一颗甘于沉沦的心,尼克用亲身经历,激励着我们,鼓舞着我们。

负面思想狂奔时,可以选择"关机"

随着 11 岁生日越来越近,尼克也进入了难搞的青春期。这时候的他,看着其他同龄的男孩和女孩逐渐成双成对,这让他的疏离感越来越强烈,觉得自己很难融入群体生活中。

"哪个女孩会想要一个不能握着她的手、不能跟她一起跳舞的男朋友?"不知不觉,这类黑暗的想法与负面感受出现得越来越多,这无疑加重了他的精神负担。特别是当他夜不成眠,或者在学校累了一天,这种想法更会爬满心头。

没有人可以无时无刻保持开心或充满活力的状态,出现郁闷、忧郁的心情是很自然的。当我们察觉到负面思想正在脑子里狂奔时,可以选择"关机"。我们要承认这些思想的存在,了解它们的源头,并把注意力放在解决问题的办法上,而不是问题本身。尼克做到了这一点,才保持了积极乐观面对生活的主旋律。

上帝真的对我有所计划

有时候，小朋友一开始会有些怕尼克，"我也不知道为什么，我们差不多高啊。"尼克告诉他们，"以我的年纪来说，我算是比较矮的。"

通常情况下，尼克会说说笑话，直到孩子们觉得跟他在一起很自在。一旦习惯了他的缺手缺脚，尼克发现大部分的小孩都很喜欢他的小左脚。他们会指指点点，或是盯着它看，所以尼克常常就摇摇小左脚，并开玩笑说这是"小鸡腿"。这会引起一阵哄堂大笑，尼克和大家认为这么形容还是满贴切的。

尼克虽然身患海豹肢症，但他不以悲情的态度面对人生，而是以积极乐观的心态面对。他坚强勇敢地活着，这让死神都怕他。他处世有着独特的智慧，成为大众励志演说家，人们心目中的明星。

尼克的乐观感染着身边的每一个人。也许，就像尼克说的那样，"上帝真的对我有所计划"。尼克用这样的乐观，开展着他的演讲生涯，他用自己独特的人生体验和成长经历，揭示出热情、勇气、信念的力量，使我们懂得坚强，知道靠自己，即便前路无限艰难，也可以把人生过得丰富多彩。

一个人在前进的路上跌倒了没关系。就算你跌倒了几百次，甚至几千次，只要你从跌倒的地方爬起来，你就是强者。我们要有不放弃的勇气和坚定的信心，不管失败多少次，我们总会有成功的一天！生活也是如此，随着年龄的不断增大，我们肩上的责任和希望越来越重，我们应该扛起乐观进取的大旗，并且行动起来。即使在前方有无数个挫折与困难，我们依然要勇敢前行。尼克用他乐观、豁达的心态，诠释着生命的奇迹，成为了让死神惧怕的生命斗士。

尼克·胡哲经典语录：

"我的人生是个还在书写中的冒险，你的也是。现在就开始书写你生命的第一章，用冒险、爱和快乐填满它，并好好活出你所写的人生故事。"

尼克·胡哲私人秘籍：

生活，就应当努力使之美好起来。永远以积极乐观的心态去拓展自己和身外的世界，乐观是发扬生命的最好方法。

可笑法则——绝对的可笑胜过绝对的无聊

尼克·胡哲，是一个出生就没有四肢的人。然而，靠着自己不懈的努力，他不仅学会了生活自理，还拥有两个大学学位，是两个机构的负责人，同时投资房地产和股票。骑马、游泳、打鼓、踢足球、冲浪，他样样皆能。现今，他已走遍了34个国家，做了1500场演讲，还出版了两本畅销书。

我的"可笑法则"

尼克是"可笑法则"的创始人。我们不禁好奇，什么是"可笑法则"呢？这个法则主张：地球上所有人每天至少要做一件荒谬可笑的事，无论是执着追求一个让旁人看了大呼可笑的梦想，还是单纯做一件可笑的事，都是可以的。

尼克的可笑法则源自他最喜欢的名言之一："不完美是美，疯狂是天才，绝对的可笑胜过绝对的无聊。"

根据"可笑法则"，尼克鼓励人们自由采取以下两大态度：

一、可笑的冒险：甩开那些怀疑和反对你的人，勇敢地向前跃进，活出你的梦想。或许有些人会说你很可笑，那你就勇敢地回答："没错，我是啊。"对那些不理解你的愿景或热情的人来说，你所喜爱的那些事或许真的是很荒谬，但是别让他们的讪笑消灭你的梦想。相反地，你要借力使力，一路往梦想的高处攀登！

二、可笑的乐趣：平时多花点时间跟所爱的人在一起去欢笑、去爱、去享受美好的生活，让别人来分享人生的喜悦。如果你个人觉得人生很严肃，不妨想想死亡！生命是很可贵的，该严肃的时候固然要严肃，但是该嬉闹的时候还是要嬉闹的。

尼克激励人们要像他一样，疯狂一点。如果你不肯尝试着冒一点险，或是被那些不知道你厉害的人骂成是疯子一样就怕了。那么，你就可能永远也没有办法完成你想要实现的梦想。为了你，同时也为了这个我们赖以生存的地球，请您放开胆子、爱玩一点。别忘了偶尔嘲笑自己一下，给自己的平静生活找点乐趣，这样你才能更好地享受这次生命旅程。

事实上，行程太满、工作量过大、玩乐不尽兴的生活状态很容易让我们承受不住，尼克也一样。他用自己的"可笑法则"充实着自己的人生。朋友们，我们可以学习、借鉴一下尼克的这个生存法则。用可笑、欢乐的人生态度来充实自身的生活。我们慢慢会发现，生活中少了很多烦恼，少了很多忧虑，每天都充满了欢笑和可能。

可笑的冒险

尼克自出生以来，每一天的生活都可以说是一场冒险。他对能不能打理自己、照料自己心存疑虑。父母有着双倍烦恼，因为他们这个孩子不但没有四肢，还整天追求刺激。尼克无法忍受静静地坐在角落，老是让自己置身险境，溜滑板、踢足球、游泳、冲浪样样都来。他甚至把自己这个零件不足的身体当作没有导航系统的飞弹，到处乱窜。从表面上看，这些冒险好像都很可笑！

尼克还喜欢玩高空跳伞。相信每一个从事高空跳伞、飞行伞运动员的人都知道第一次走到山崖边的可怕，但如果想飞，就必须走到那里不可。尼克鼓励自己面对现实，想象着每一天都可能是自己的最后一天，光是起床都是孤注一掷的状态。他鼓励着自己，除非愿意面对挫败，否则不可能成为赢家。他冒着跌倒的风险，才"站立"了起来。

尼克在可笑的冒险中，充实、完善着人生。可笑的冒险，表面上看似可笑，细细思考下，却是一种达观的人生智慧，一种睿智的生存哲学。敢于冒险的人，都是真正的勇士。但是，可笑的冒险和愚蠢的冒险是不同的，愚蠢的冒险光想想就是很疯狂的事情，人们不该冒那种失去比得到更多的风险。可笑的冒险，乍看起来很疯狂，但事实上并没有那么危险，我们从这种可笑的冒险中愉悦了心灵。

可笑的乐趣

尼克喜欢做些好玩的事给生活增添色彩。当他无聊时，他让朋友把他抱起来放在飞机座位上的行李舱里，并请朋友把门关上。那次，有位老兄一打开门，尼克就"嘣"地探出头来，那人当时被吓得跳起来。尼克还暗自心想，"他们能把我怎么样？难道用手铐把我的'手'铐起来吗？"

绝对的可笑胜过绝对的无聊。在这些可笑的乐趣中，尼克过着快乐的生活，这也是他能抗击命运挑战，保持乐观的秘诀。朋友们，看到这里，你是否也跃跃欲试，打算去尝试一下自己想了很久的可笑的乐趣呢？请大胆尝试一下吧，生活中多一点可笑的乐趣并没有什么不好，反而会充实我们的生活。

尼克·胡哲经典语录：

"你现在的生活或许一团乱，不知道明天是否会更好，但我要告诉你，只要拒绝放弃，就会有超乎想象的美好在前方等着你。请把焦点放在你的梦想上，尽你所能去逐梦；你有改变环境的力量，所以就去追求你真心的渴望吧，无论那是什么。"

尼克·胡哲私人秘籍：

活得可笑，意思是活在希望与可能性的交叉点上，拥抱上帝的目的和计划。可笑的冒险、可笑的乐趣，拒绝规律，超越限制，请享受生命之旅，拥抱人生，活得丰富、满足。

不要老想着"如果……怎么办"

尼克·胡哲面对身体残障，创造了生命的奇迹。他的人生从来不被"如果……怎么办"困扰，他的故事给人们开启了一扇希望之窗。

没有四肢是上帝让你们注视我

曾经有一个小男孩瞪大眼睛打量了尼克很久,最后终于吐出一句话:"你总算还有一个头。"这是尼克·胡哲在他演讲时必讲的一段小插曲。只要看到尼克,你就会立刻理解小男孩会这样说的原因,进而感叹上帝要制造这样的生命的目的。

尼克打出生时就没有四肢,只有躯干和头,就像一尊残破的雕像。这副模样连他父母都无法接受。可以想象,这样的躯体给尼克造成了多大的困难和遭遇。他所能利用的身体部位,只有一个长着两根脚趾的小脚,这只小脚被他妹妹戏称为"小鸡腿",因为尼克家的宠物狗曾误以为那是鸡腿,甚至想要吃掉它。

尼克不能走路,不能拿东西,并且经常要忍受被围观的耻辱。这一度使他非常消沉,以至于想要在浴缸里淹死自己。还好,在最后一刻,他脑海中浮现出父母在他坟前哭泣的样子,于是他放弃了。这是他最正确的选择。活下来,使他有机会看到,原来他的人生还有着无尽的希望。

尼克正视了自己身体的残缺,他不再想办法求手求脚,也不再沉浸于"如果……怎么办"的悲伤。他虽然没有健全的四肢,但是有一副好口才和一个聪明的大脑。他总是用无比轻松的语气调侃自己的经历,他做到不在意别人惊讶的眼光,并且努力做到对自己充满信心。而事实上,他确实做到了绝大多数普通人无法做到的事。最终他成了万众瞩目的焦点,他成了一名全球知名的励志演说家。

生活中的我们,应该正视自己所处的环境,不要总是想着"如果……怎么办"。因为那些如果的东西很多都是幻想,甚至于根本不会发生,只会让我们陷入无穷无尽的不确定和猜度之中,消磨生活的乐趣和斗志,让原本有希望的人生陷入泥淖。请记住,要理性面对我们的人生之路。

精彩的人生

尼克·胡哲刚出生时，他父母都难以接受，但后来并没有放弃对他的培养和关爱。

尼克的父母没有老是想着："如果哪天我们不在了，尼克怎么办？"他们一直像教育正常的孩子一样教育小尼克。

事实上，骑马、游泳、冲浪、打鼓、踢足球，尼克都学会了。虽然没有健全的四肢，但是生活是美好的，他29岁时邂逅了浪漫的爱情，如今享受着美满的婚姻。30岁生日那天，他向全世界宣布妻子怀孕的好消息。尼克·胡哲用行动证明了，他虽然和正常人不一样，但一样可以活出精彩的人生。上帝在他生命中有个计划，那就是要通过他的故事给予他人希望。

其实，生活没有这么多如果，我们要做的就是去选择，然后尝试，快乐会在其中产生。不要老想着"如果……怎么办"，放弃思想包袱，乐观正视人生才是王道。请相信，上天是公平的，关闭一扇门的同时，必会给我们开启另一扇窗。不要老想着"如果……怎么办"，人生就没有了限制，我们才能像尼克一样，活出不设限的精彩人生。

尼克·胡哲经典语录：
"我告诉人们跌倒了要学会爬起来，并开始关爱自己。"

尼克·胡哲私人秘籍：
活在当下，活在现在，生命中没有那么多"如果"，给自己一个乐观的理由，不要被那么多的"如果"困扰，你会发现，一切都已经豁然开朗。

如果此路不通，前面转个弯就好了

信念创造奇迹，励志奇人——尼克·胡哲的人生充满了艰难与曲折，但他依然活出了不设限的人生。他已经在全球 34 个国家发表过 1500 多场演讲，每年接到超过 3 万个来自世界各地的邀请。所有看过他的视频，或听过他演讲的人，都无不发自内心地诚服于这个曾被预言"永远得不到爱"的人。他用自己的故事，告诉我们：如果此路不通，前面转个弯就好了。

到底发生了什么

尼克曾经说过，对于他的出生，他的父母毫无心理准备，医生也给不出任何解释。妈妈曾是护士，她怀尼克时非常清楚什么事该做什么不该做，她甚至采取了各种预防措施，头痛时她没有服止痛药，她确定自己所做的一切都没问题。她照过三次 B 超，大家都没发现问题，以为尼克只是保持某种姿势。他们原本期待一个漂亮又健康的男孩，可是看到却是一个有缺陷的孩子。当时对于尼克的家庭来说，真是一个莫大的悲剧。

尼克的父亲是当地一位牧师，在当地颇有声望。那个清晨，整个教会都为之悲伤，每个人都很疑惑，忍不住质问上帝——如果上帝爱人，为什么会让这样的事发生呢？

"我父亲一开始以为我活不了多久，但我其他方面一切正常，并且活了下来。可以理解,父母非常担心我未来的生活,生下一个残缺的孩子,我想他们只是害怕自己不能胜任。"尼克在他的演讲中曾经如是说。

这对夫妇经历了很多艰难的阶段,他们无法接受现实,带着小尼克看了一个又一个医生,试图去理解到底发生了什么。尼克的母亲回忆:"我以为那是一场噩梦,我以为当我一觉醒来,噩梦就会结束,所以我不确定自己是否要带他回家,我不愿意照顾他。"好几个月后,这个家才进入平静,选择顺服命运的旨意。

生活中,难以预料的挫折也许会有很多。飞来横祸往往会阻挡我们前进的步伐,不如在前方转个弯,也许就会出现闪亮的未来。尼克的父母并没有放弃他,而是思想转了个弯,如果不是他们的努力培养和教育,就成就不了今天的生命斗士——尼克·胡哲。生活中的我们也是一样,如果遇到什么挫折,不妨思想上转个弯,我们会发现其实那也没什么大不了,一切也会很快柳暗花明,迎刃而解。

不再向上帝求手求脚

尼克曾经向上帝求手求脚,愿望落空后,也曾经一度消沉。但是后来,在父母的鼓励下,在长期的训练中,残缺的左"脚"成了尼克的好帮手,不仅帮助他保持身体平衡、踢球、打字,还帮助他写字和取物。"我管它叫'小鸡腿',"尼克开玩笑说,"我待在水里时可以漂起来,因为我身体的80%是肺,'小鸡腿'则像是推进器。"尼克从此不再向上帝求手求脚,他在思想上转弯了。

游泳并不是尼克唯一的体育运动,他对滑板、足球也很在行,最喜欢英超比赛。尼克还能打高尔夫球,击球时,他用下巴和左肩夹紧特制球杆,然后击打。身体的缺陷没有阻挡尼克对运动的热爱和对新鲜事物的热情，2008年，尼克在夏威夷学会了冲浪，甚至掌握了在冲浪板上做360°旋转的高难度动作，并因此登上了美国权威的水上运动杂志《冲浪》封面。对此，他显得很平静："我的重心非常低，所以可以很好地掌握平衡。"

看，尼克就是这么机敏豁达。除了精通多种运动，尼克对待学业也非常认真。在父亲的帮助下，尼克取得了会计和金融企划的双学士学位。他对人生的态度是灵活的，并没有在"求手求脚"的一棵树上吊死。

我们伟大的生命勇士——尼克，他虽然经历了艰难曲折，但他依然做到了正常人可以做到的事情，甚至比很多人做得更好。面对身体的缺陷，他转了个弯，虽然付出了更大的艰辛，却依然实现了自己的人生梦想。生活中，我们也应该学会这样的转弯。

做人不能往一条死胡同里走，遇到一件事无法解决，何不停下脚步来，想一想是否还有转回的余地，或许换种方法，换条路走，事情便会简单很多。这是人生的智慧和哲学。人生有很多条道路，路到尽头，我们就应该转弯了。生命中总有挫折，但那不是尽头，只是在提醒你——该转弯了！

尼克·胡哲经典语录：

"在悲伤的另一边，有一条不同的出路。会让你更坚强、更坚定，让你找到自己想要的人生。我会为你点出这条路。"

尼克·胡哲私人秘籍：

人生的道路上，往往不是一帆风顺的。此路不通，前面转个弯，我们一样可以到达终点，关键是要有一颗积极乐观的心。

遇事不钻牛角尖，积极想办法解决就好

第一次见到尼克·胡哲，人们都难掩震惊——他就像一尊素描课上的半身雕像，没有手和脚。面对人们惊讶的表情，尼克自我介绍时常以说笑开场。他乐观开朗，遇事不钻牛角尖，积极想办法解决问题。

将生活整个打包，运到地球另一端

对父母决定搬到美国的事，尼克没有什么发言权，就像他天生没有四肢的状况一样，这些不是尼克能决定的。然而尼克有能力决定如何面对迁居美国这个变动，就好像他面对自己的身体残障努力自理一样。尼克接受了这件事，并决定竭尽全力去适应。

尼克到美国的头几个星期，经常感受到文化的震撼。特别需要提出的是，在上学的第一天，当全班同学站着面对国旗、背诵效忠誓词时，他就开始有些惊慌和不适应，因为在澳大利亚，他们从来没这么做过，他觉得自己好像走错了地方。

当然，尼克没有四肢的身体照例会引来神经兮兮的眼光和怪异的评论，还需要适应经常性的教室变动。但他没有钻牛角尖要求父母回到原来的生活状态，而是积极想办法解决问题。要知道，在这种情况下，尼克的生活已经被整个打包，运到地球的另一端了。

尼克鼓励人们面对一开始或许没有意识到改变生命的重大事件时，或者是掌控你不想要或突然发生的变化时，首先就是保持警觉，迅速

认知到你即将进入一个新阶段——无论是好是坏。他认为,光是察觉到变化就可以减轻压力。然后心里头要想着:"好,这是全新的状况,可能有些奇怪,但我必须保持冷静,不要惊慌,要有耐心,我知道最后一切都会很好。"

的确,尼克这样做了。他始终相信,遇事不钻牛角尖,当你以完全的信任和耐心彻底交出你的人生时,你会找到解决问题的办法,甚至还会得到另一种优厚的回报。现在回头看,当时的尼克很想回澳大利亚,现在的他却非常喜欢住在美国加州。希望我们每个人都能像尼克一样笑看人生种种变故和突发事件。

"一时的化学反应",还是"上帝预备的真爱"?

尼克 2010 年 4 月在美国德州的一场演讲,使他收获了真爱。他坦言承认那是他这辈子见过最迷人、最热情的双眸,他深深被佳苗吸引,当时很难把注意力集中在演讲上。从来不确定自己是否能遇见另一半的尼克,用"一见钟情"形容当时的感受。

然而,两人的爱情并没有因而一帆风顺。对佳苗而言,尼克创办的机构遇上财务危机,考验着两人的关系;而佳苗是否真能接受身体残缺的男人并和他共组家庭、共度一生,则考验着尼克的信心。而且,尼克的父母也对这段爱情抱持怀疑态度,他们甚至担心佳苗不能接受一个像尼克一样没有四肢的孩子。他们的爱情之路,经受着来自各方面的考验。但是他们没有钻牛角尖,采取什么过激行为,而是通过自己的努力获得了父母和世人的认可与祝福。

虽然从小面对异性的否定,但因尼克选择用别样的眼光看自己。塑造出智慧、健康的自我形象,他将信心付诸行动的人生观,赢得佳苗家人的信任；从小经历家庭破碎的佳苗，因父母离异与父丧，有异于同龄女孩的成熟，她无条件地支持与付出，并选择以别样的眼光看待尼克的残缺，这也是坚固两人爱情的关键。

尼克和佳苗两个人积极地寻求办法，通过实际行动，赢得了双方家长的认可，他们收获了真爱，收获了祝福。生活中，有些人的爱情一旦遭遇到挫折，就开始采取极端行为，我们为他们感到惋惜。生命诚可贵，积极想办法去解决，才会有收获爱情的希望和可能。很多人就是因为太爱钻牛角尖，而忽略了去寻找解决问题办法的可能，进而毁掉了自己的一生。亲爱的朋友们，想办法钻出你的牛角尖，才能彻底迎来幸福的人生。

遇到事情不钻牛角尖，积极想办法解决，我们的理解力会更宽广；我们的心胸会更豁达；我们的人生会更美好。爱钻牛角尖的朋友，从现在开始，请有所改变，改变我们的一些方式。生活是在不断进步的，希望大家不要那么固执，更加快乐地生活。

尼克·胡哲经典语录：
"在生命中，我们不能选择什么，却可以改变什么。"

尼克·胡哲私人秘籍：
遇到事情不钻牛角尖，积极想办法解决就好，不要试图对抗人生，对抗命运，但我们可以在解决问题中获得新生。

该放弃时就要果断放弃

尼克·胡哲用没有四肢的身躯感动着全世界。他以残疾人励志演讲家著称。骑马、打鼓、游泳、踢足球样样皆行,在他看来世界上几乎没有做不成的事。他的人生充满了故事,他的传奇讲述着该放弃时就果断放弃的精彩。

账户空空,但心是满的

尼克曾经计划去南非。去南非时,尼克是个非常自以为是的年轻人,认为自己一定可以在这片广袤的土地上发挥影响力。但事实上,是南非影响了尼克。

第一次去南非时,尼克对于可以展开服务他人的使命很兴奋,他捐献了存款中的两万美元。在当地时,尼克他们又另外募捐了两万美元,也捐了出去!他们还花了好几天时间买礼物送给孤儿,送给他们食物,为他们添购图书、毯子和窗户。他们还买了电视和DVD播放机送给孤儿院,并通过几个慈善机构捐钱。他竭尽所能地帮助着那里的人。

当时对尼克来说,两万美元不是一笔小数目。但后来尼克回忆,他真的希望自己有更多钱可捐。这些钱甚至可以在一些地方影响一些人的生命,这也给了尼克前所未有的满足感。当尼克从南非回家时,账户里面居然空空如也,尼克的妈妈当时虽然有点不开心,但她也看得出来那次旅行丰富了尼克的生命,收获是无法计量的。

该放弃的时候，尼克果断放弃了自己账户里面的钱，把钱捐了出去，用在了有意义的事业和人生追求上。我们承认金钱的必要性和诱惑性，在很多情况下，特别是当金钱与其他利益发生冲突时，很多人都很难抵住诱惑，很难放弃金钱。然而，生活中除了金钱，还有很多东西值得我们去追求、去珍惜。当我们学会适当放弃金钱时，我们会发现人生之路变得越来越宽广！

放下烦恼，奋斗能改变命运

尼克·胡哲曾被许多学校拒收过，这使他连自杀的心都有了。好不容易有一个学校愿意接收他，可是就在他上学的第一天，竟有十二个人嘲笑他，他当时想："如果再有一个人嘲笑我，我就不活了。"放学的路上，一个小女孩叫住他，尼克还感慨自己可能就活不成了。可是小女孩却说："尼克，你今天很棒！"就是这简单的一句话，把他从绝望的边缘拉了回来。从此，尼克决定果断放弃自己的烦恼，他要通过奋斗改变命运，活出不一样的人生。

在尼克19岁的时候，他打电话给学校，不断推销着自己的演讲。我们难以想象的是，在被拒绝52次之后，他依然能够放下烦恼，努力去争取。终于，他获得了一个5分钟和50美元薪水的演讲机会。从此，他的演讲生涯拉开了序幕。他嗓音富有磁性，他思路清晰，他幽默风趣，最关键的是，他有着与众不同的人生经历，这种经历可以给所有人坚持下去的力量。在多年磨砺中，他拥有了异常坚韧的心智和丰富的阅历。这些精神上的积累完全弥补了身体上的缺陷，帮助尼克超越了大多数健全的人，取得非凡的成就。

尼克放弃烦恼，通过奋斗改变了命运，成就了自己的人生，他收获了更多的快乐。生活中，快乐其实很简单。学会微笑，笑对人生，不是简单地改变面部表情，而是努力改变心态，调节心情。学会接受现实，学会顺其自然，才能够坦然地面对各种挑战，用积极的态度面对人生。凡事都往好处想，把人都往好处看。只有这样，阳光才会照耀我们的心田，才会驱走烦恼，驱走黑暗，驱走所有的阴霾。

"临渊羡鱼，不如退而结网"，生活中，要摆正自己的心态，面对人生的选择，该放弃时就要果断地放弃，有舍才有得。通过恒久的努力，你也完全可以拥有你想要的东西，就像尼克一样，活出自己的精彩。

尼克·胡哲经典语录：

"不要把注意力全部放在物质上，要看看生命的所有层面，向内观看。"

尼克·胡哲私人秘籍：

有时候，果断放弃，我们会收获更多。退一步海空天空，人如果想要走向成功，有些东西必须放弃。人生有所得就得有所放弃，放弃是为了更好地获得。

换一种心态，你或许也能成就传奇

尼克·胡哲，一位充满传奇色彩的人物。他天生没有四肢，但面对身体残障，他创造了生命的奇迹。他拥有两个大学学位，是企业总监，更于2005年获得"杰出澳洲青年奖"。他的非凡人生，是用心态成就的传奇。

找到生命的价值和目标

上学后,同学的嘲笑和排挤使尼克深深地感到孤独。他对自己的生命感到绝望,内心充满抱怨和挫败感,一度试图在家里的浴缸自杀,但没有成功。

17 岁时,尼克第一次演讲,他很紧张。但演讲完,一半的女孩在哭泣,坐在当中的一个女孩,问他说能不能拥抱你,她上台来拥抱着尼克,并在他耳边说谢谢。这对尼克的触动非常大。因为在尼克是个孩童时,他曾经觉得自己没什么价值。后来,他曾经兴奋地回到家,告诉父母,他知道余生要做什么了,他要做一个演讲家。今天,他竟然成为了人生的奇迹。尼克希望用他的演讲,分享他与痛苦和不幸抗争的故事,给更多人带来希望。

在演讲中,尼克讲道:"我从小就在镜子旁边贴着一张非洲难民儿童的照片,现在我奋斗的目标之一仍然是帮助这些贫困的人。"尼克认为,就他这副身板,戴上帽子在街头也会立刻被人认出来,他已经很出名了,并不是为了沽名钓誉。他不在乎别人怀疑自己,他觉得只要做的事能改变一个生命,一切奔波就都值得了。

"有人问我,你觉得自己是这世界上最快乐的人吗?我要说是的。我对人生的三个真谛——价值、目标、宗旨都很清楚,我知道我要往哪里去,所以我很快乐。无论怎样,满足于你所拥有的。比如我,就很珍惜我的'小鸡腿',不要放弃,爱别人,每天向前走一小步,你一定可以完成人生的目标。"尼克在他的演讲中热情洋溢地宣扬着自己的心态。

找到生命价值和目标的尼克是可敬的,他的演讲感动了无数的人,他用生命诠释着自己的传奇。尼克向人们介绍自己不屈服于命运的经历,他人生的点点滴滴、他的自信、他的幽默、他的沟通能力,让他深受听众们的喜欢。尼克与听众们分享远见与梦想,鼓励他们乐观坚强,跳出现有的人生模式,去思索未来。他用自己顽强不屈的人生经历告诉听众,完成梦想的关键就是换一种好的心态,并坚持笑对人生。

讲台上的尼克总是神采奕奕,他在世界上不同的国家做过大大小小的演讲上千次,每次他都一如既往地充满着激情。生活中,我们难免遇到这样那样的挫折。朋友们,换一种心态吧,把不高兴的通通抛开,对自己的生命负责。漫漫旅途中,或许感到疲惫,但只要有一份美丽的心情,就会充满自信,就会觉得欣慰。像尼克一样,好好地珍惜人生,尽情地拥抱生活。快乐从来不是永恒的,痛苦也只是个过程,没有谁能拒绝春天来临,没有谁能永远都做好梦,千言万语,快乐掌握在自己手里,是要靠自己去找寻的,看淡一切,珍惜拥有,你将收获新生。

没有奇迹,就去创造奇迹

"一个人跌倒了怎么办?站起来。如果我尝试了100次,但都不能起来,是否代表就是个失败者呢?NO。如果我不放弃,我仍然能起来。"尼克用自己的方式告诉大家自己是如何"站起来"的。

他整个身体趴在讲台上,用头努力顶着桌子,并用脚将身体撑起来,在大家持续不断的掌声中,他终于直起了身,重新站立起来:"看,跌倒了可以站起来,一次不行可以再次尝试。"

尼克承认,每个人每天都会面临选择,可以选择放弃,也可以选择站起来。不要让羞耻感和歉疚感杀害你,要让爱来帮助你。没有朋友,就去找朋友,没有奇迹,就去创造奇迹。你可以跌倒,但你不可以成为一个失败者。尼克是这样说的,也是这样做的。

在尼克的演讲过程中,有一句话令人们深受感动。他"站"在桌子上,从左走到右,一次一步,虽然缓慢但终是走到终点。一步一次是他的方法,也是支撑着他继续前进的信念。他告诉了我们:一次一步,一步一生,没有奇迹,去创造奇迹。

没有人能够一次就能攀上顶峰,只有保持良好的心态,并不断坚持努力,才能取得成功。这看似平凡的道理,却常常被我们这些所谓的正常人忽略,我们常常会抱怨生活的不公、命运的不济,却没有认真掌握好自己的心态,为了目标再去努力一次。像尼克一样,换一种良好的心态,我们或许也能成就自己的传奇故事。

尼克·胡哲经典语录:

"你未必能创造奇迹,但可以让自己成为一个奇迹。"

尼克·胡哲私人秘籍:

人生难免遇到失意的事情,换一种心态看待,人生会豁然开朗,会收获新生,成就属于自己的那份传奇。

只要路是对的,就不怕走远

你有没有发现,当你想要控制生活中的一切的时候,你会特别累。所有的事态并不能完全按照你的计划去实施,甚至外界发生的事情,完全不在你的控制范围内,有的甚至会颠覆你的人生?你除了特别累,特别愤怒，特别郁闷之外，收获甚微。但是，如果你放下控制，学会退让，以谦卑的态度感谢已有的一切，快乐与满足仍然会如期而至。

放下控制

你有没有发现，有时候，当我们试图让自己快乐的时候，恰恰又偏离了快乐？比如以为经过虐人的高考后，将会有一段时间的安宁喜乐，没想到却是更多的彷徨失落；或是加班了很长时间，以为在假期中能够舒适轻松，然而却是恼人的疲劳综合征。生活，总是和我们的预期值相违背。

我们的人生并不以我们的意愿来左右。换一种说法，我们的意愿只能控制人生中的一小部分事，大部分事情，完全超出我们的意愿。当然你可以不依不饶地表达你的愤怒或是隐藏你的焦虑，你也可以放下控制一切的不切实际的愿望，学会退让。退让，将给你更多安宁的空间与崭新的力量。

杰西卡18岁被诊断为癌症时，她的梦想似乎瞬间全部破灭了，和别人一样，她也是一个很自我的人，她希望每一件事情都顺合她的心意。她希望能够上大学结婚生子，过上中产阶级的生活。当她被放疗折磨得无法进食时，痛苦"可怕得无可比拟"时，她做了一个选择，既然生活无法像自己意愿的一样去发展，就选择通过退让来寓信念于行动。杰西卡知道客观条件可能不在她的控制范围之内，所以她选择从自己的恐惧，从想要控制人生的愿望，从想要知道行为结果的愿望中退让出来，从而获得了安宁。十一年过去了，杰西卡体内已经不见癌症的踪迹，她仍然在感恩中工作。

像杰西卡一样，尼克的人生也不是他孩童时梦想的样子。他一直祈祷长出四肢，以为那样会快乐，没有四肢的人生是不完美的，没有快乐可言。可是，当他学会退让，学会寓信念于行动，并且将人生交付给命运的时候，才实现了自己的快乐。看见这个成果了吗？他的不完美是如此完美，他实现的比他预想的还要多。

放下控制，学会退让，不对自己无法控制的客观条件耿耿于怀，或是沉溺于自己的痛苦中，希望总会在不可预期的时候来临，你要做的就是对更伟大的存在说"是"，一个安宁的、快乐的人生将为你打开。

谦卑的意义

尼克·胡哲从小就不爱求人，觉得吃饭上厕所都要求人是件丢脸的事。但是又不得不求，所以他就改换了另一种腔调，用命令与指使人的语气。尼克命令得最多的，要数他的弟弟亚伦，以至于亚伦长得足够高了，就反过来威胁他说，若他再指使的话，就把他锁在橱柜里。于是尼克开始反省，自己得学习谦卑。

人与人的相互依赖与支持是非常自然的现象，如果你真的理解这一点，就会自然而然地谦卑。如果过于自信，甚至到了自大的程度，就可能会犯尼克犯过的错误。

2010年，尼克的公司出现了财务危机，背上了5万美元的债务，尼克痛定思痛，反省其原因是因为过于追求发展速度而忽略了很多潜在风险，而这些风险之前都被策划团队提醒过，只是尼克被他计划的成就刺激得头脑发热，根本听不进别人的建议，而且什么工作都习惯自己一肩挑，享受这种承担一切并决定一切的感觉，反而忽略了团队的能力。

不要认为你孤身一人就能做成任何事，尼克年轻时就不善于听取建议，喜欢一意孤行，经常撞得头破血流时才学会了许多教训，当你只看到自己时，就是远离了谦卑，进入了狂妄。

谦卑，不仅发生在人与人之间，意味着没有谁比谁更高贵，没有谁比谁更有能力。谦卑，更是蕴含着人在宇宙中的角色，在这个浩瀚无垠的宇宙里，人类是如此的无知与细微，但是人类特别容易忘记这个事实，他们很愿意把自己任命为地球的主宰，恣意作为。反而当地震、海啸、洪水、火山爆发等一些难以预料的灾难发生时，人类才能更多意识到谦卑的意义，从而携手相助，并感恩生命。

尼克·胡哲经典语录：

"当我为缺少四肢而产生的痛苦释放的时候，我并非一无所求。我相信：无论我缺少什么，坚持的力量都会带我渡过难关。当我把自己交付给命运的时候，我感觉到一种超越自我的力量。当我寓信念于行动，放下我的计划时，我开始了自己连想都无法想象的快乐而满足的新人生。"

尼克·胡哲私人秘籍：

以前我并不曾有意识地每天都寓信念于行动。现在我决定这么做了——不只要祈祷，还要每天都怀揣着希望、耐心、谦卑、勇气和信心前行。

尼克·胡哲

永不放弃的心，比钻石还珍贵

Part 06
我的团队观
彼此尊重，彼此平衡，彼此成就

俗话说，三个臭皮匠，顶个诸葛亮。由此可见，团队的力量是伟大的。人是群体性动物，天生喜欢与他人交往，尼克·胡哲实现环球演说，离不开他的梦幻团队。是信任他人的力量，让他在演说事业上大展拳脚，收获成功，人生从此不再设限。

为变得更好而协同合作吧

尼克·胡哲没有四肢，却走遍了众多国家，给不同地方的人做讲座。他取得今日的成就，离不开他的梦幻团队，离不开大家的协同合作。

我最爱眼神接触

小时候，妈妈常常带尼克去逛街，或者去其他公共场所。当她去忙自己的事情时，尼克就坐在轮椅上看着人来人往，观察每个人的脸，这样的情况，往往一待就是几个小时。他很认真地在研究肢体语言、面部表情等方面。当时那只是尼克下意识的行为，但是后来尼克发现，正是自己出于本能地发展出的重要技巧。他对周遭人的心情、情绪和声音都很敏感。

尼克喜欢眼神接触，喜欢深深地看进人们的眼里，因为他相信眼睛是心灵的窗口。他欣赏人们的美，常常在人的双眼里发现它。我们都可能看见别人不好或不完美之处，但他选择去看人们内在优秀的品质。

尼克学会看懂对方眼里真正的情绪，他凭借着问题或发表意见的方式，找出彼此的共同点，来快速进入状态。在悲痛限制他的拥抱能力之时，他最喜欢的破冰方式是跟陌生人说："来，给我个拥抱吧！"

尼克希望借此邀请人们靠近他，接触他，让人们跟他相处起来更加自在。生活中，我们去接触人，与之联络，需要找到共通点，这些是每个人都该掌握的人际关系技巧，因为这些技巧决定了我们跟周遭人的互动可以做到更好。

学着向人求助

有一种人际关系能力常常被蔑视或忽略，尼克却相当熟悉，那就是：当你需要帮助时，就以谦卑的心向他人求助。

尼克选择演讲这种需要大量旅行的工作，又坚定地想要证明自己的独立性，所以曾经骄傲到不愿开口求助，即使求助比较合理。事实证明，他曾经的这种想法是不切实际的。

尼克曾经说过，当你有了看护，就不能没有人际关系能力。因为就算你提供不错的待遇，都不能期待一个不喜欢你的人会喂你吃饭、跟着你到处跑、替你刮胡子、帮你穿衣服，甚至有时还得抱着你。幸好，尼克跟看护的关系一直不错——虽然他们偶尔也会面临考验，如不眠不休的旅行，半夜把看护给吵醒，等等。

当我们年轻的时候，必修的功课之一就是向人求助。无论你的身体零件是否配备齐全，有时候，你是没有办法凭一个人的能力搞定某些事。没错，谦虚是一项人际关系能力，更是通往成功和赢得人们尊重的最重要的品质之一。

尼克用他的故事向我们讲述，向人求助时要谦卑，无论你将要求助的对象是看护、良师益友、人生典范或家人。假如在向外求援时表现得足够谦卑，大多数人都会愿意抽出时间来帮你。但是，如果你表现得好像自己无所不能、根本不需要别人的帮助，那就真的不太可能得到他人的帮助了。

融入梦幻团队

尼克很重视培养照顾自己的能力，他尽可能地使自己变得更加独立。不过，他就跟所有人一样，在很大程度上还是必须要仰赖周遭人的帮助。

人们时常问他："生活上经常需要依靠别人，一定很辛苦吧？"他的回答是："你说呢？"无论你有没有察觉到，其实大家依赖周遭人的程度和尼克是一样的。没有他人的帮助，有些事是很难办成的。但是在这个世界上，没有谁能不必仰赖他人的智慧、好意和帮助就可以成功的。

每当尼克在进行世界之旅、环球演讲时，都离不开他的梦幻团队的大力支持与相互配合。确切地说，如果没有这个梦幻团队，没有这个梦幻团队的协同合作，就不可能有尼克今日的成功。

每个人都需要他人的支持和帮助，都需要和志同道合的人交往，所以一定要同他人建立信任，同时也让自己值得信赖。要知道，大部分人都是本能地基于自身利益而行动，如果你能表现出对他人的关心，并且帮助他们成功，那么大多数人也会真诚地对待你。尼克给我们上了生动而有意义的一课。

尼克·胡哲经典语录：

"我告诉他们，我的胜利来自臣服。当我承认我无法靠自己做到时，我就臣服，对时间说：'我把它交给你了！'一旦臣服，时间就会带走我的痛苦，将它转为美好的事物，为我带来真正的喜乐。那个'美好的事物'是什么？对我来说就是目标与意义。而如果我找不到人生的意义与目标时，我就臣服，不再要求非找到不可，然后时间就会插手。"

尼克·胡哲私人秘籍：

协同合作才能创造更大的成功和收获。成功离不开团队成员，大家共同的努力才能成就大事。

你必须懂得"义比金坚"的真正含义

是谁，虽然失去了强有力的双臂却仍坚强勇敢地生活着？是谁，即使失去了挺立的双腿但仍不乏生活的信心？是他，尼克·胡哲！缜密的大脑思考着"跌倒了继续前进，永不放弃"的话题；风趣幽默的语调中透露出"你是唯一的，你是漂亮的"鼓励的话语。他那永不言败的精神激励着我们，奋发图强，努力前进。他的人生之路使我们更加深刻地认识到"义比金坚"的真正含义。

良师益友

良师益友是那些帮助你到达向往境界的人，但他们同样也是分享你梦想的支持者与鼓励者，真心希望你能够成功。通常父母是你天生的良师益友，如果你运气好，会有其他人愿意在你生命的旅途中担任这种角色。尼克最早的良师益友之一是他的山姆舅舅。山姆舅舅拥有创业家的心思、发明家的创造力以及探险家的视野，他对新经验总是保持着开放的态度，当尼克年纪还小的时候，他就鼓励尼克展翅飞翔，还告诉尼克，人的一生中唯一真正的障碍是我们自己为自己制造出来的。他的引导与鼓励，给了尼克扩展视野的勇气和信心。

山姆舅舅鼓励尼克无论处境怎样都要向前看，而且他对尼克始终都很有信心，即便有时尼克并不那么看好自己。在尼克13岁的时候，他跟尼克说："尼克，将来有一天你会跟总统、国王和女王握手哦。"

尼克鼓励人们努力去寻找属于自己的良师益友。不过你需要明白的是，真正的良师益友并不仅仅是啦啦队，他们一旦认为你偏离轨道，就会直言不讳。良师益友的批评与表扬，你都应该听，因为他们是真心为你着想。

真心的朋友是从来不在乎富贵贫贱的，而在乎心灵的彼此交流沟通，相互间的理解与支持。尼克和他的良师益友之间的交往就是建立在这个基础之上的。在他们心目中义比金坚。在人生的旅途中，不可或缺的就是朋友，每个人都有朋友，但是真正的良师益友却并不多见。

有的时候和良师益友之间产生的情谊和爱情一样微妙，这种感觉只可意会，不可言传。你信赖你的朋友，就像你爱上一个人，你会把生命的全部都托付给她（他）。尼克凭借生命中良师益友的指点和引导，逐渐走向了辉煌的人生旅程。我们更应该深刻地认识到良师益友的重要性，坚持"义比金坚"的人生信条。

人生旅伴

丰盛的心态会让你同人生旅伴以一种战友的感觉互相支持，并肩同行。尼克从与琼妮·艾瑞克森·塔达的友谊中就认识到了这一点，他们的生命旅程中所走的路很相似。早在认识她之前，尼克已经把琼妮作为他的人生典范；到了美国，她更成为尼克的良师益友，并帮助尼克的起居生活；如今，她已然成了尼克的人生旅伴，常常给他明智的建言，并怀着同理心听尼克倾诉。

在各方面帮助尼克的人还有贾姬。在尼克10多岁的时候，她住在尼克家附近。尽管她已婚并且有小孩，但是每当尼克要倾诉心事时——无论好事、坏事，贾姬总能腾出时间聆听。她的年纪没有大尼克很多，所以很像是一个有智慧的好友，而不是严格的长辈。

在这个世界上人是不可能没有朋友的，朋友就如同左膀右臂，是自己人生的重要组成部分。只有有朋友的生活才会充满阳光，充满欢乐。古人言，千金易得，知己难求。正是说明了"义比金坚"的重要性。正是有尼克的人生旅伴一样的良师益友，才帮助并成就了尼克的成功。

我们能在一生中结交上几位知己朋友已然是很幸运的事了，这同样也是人生的福气。朋友们相处在一起是缘分所在，也是共同情感火花凝结成的真挚友谊花朵，在长期的交流中会结下累累的硕果，那份成果足够享用一生，是一生的快乐。希望我们的人生也能像尼克一样，知道义比金坚，能交到这样的人生知己。

尼克·胡哲经典语录：

"我热爱我的生活，没什么可以阻挡我，但是我时时刻刻都快乐吗？不，我也会伤心，有时候也会哭，那倒并不是因为我没有手脚，这倒容易接受，我是担心如果我爱的人受了伤，我却什么也不能做，这会让我感到十分痛苦。"

尼克·胡哲私人秘籍：

人生中，有一些东西失去了可以找回，但是情义一旦失去就很难找回了。为了理想，我们匆匆各奔东西；为了情义，我们一次次尽情欢聚。所以，"义比金坚"很重要，不要忽略生活中朋友的情义。

不要失信于任何人

尼克·胡哲出生时罹患海豹肢症，天生残缺，他曾试图三次自杀。他是澳大利亚首批进入主流学校的残障儿童，也是高中首位竞选学生会主席的残障者，并获得压倒性胜利，被当地报纸评为"勇气主席"。现如今他已是万众瞩目的励志演说家。他用自己传奇的人生经历告诉我们永远不要失信于任何人。

不失信的南非之旅

在他 20 岁的时候，尼克决定到南非进行两个星期的巡回演讲，因为和邀请他的人从未见过面，尼克父母对这个演讲活动表现得不怎么热心，其主要原因还是顾虑他的安全和健康，还有费用的问题。

约翰·品格仅看过尼克早期的一部电影，就下决心邀请尼克去他的国家，为那些最贫穷的人演讲。通过教会网络，约翰凭借着一个人的力量为尼克在南非的教会、学校和孤儿院举办了一系列的见面会。

约翰通过写信、打电话、发 E-Mail 的方式不断邀请尼克到他的国家，这份坚持和热情打动了尼克。之后，尼克的南非之旅使他爱上南非、爱上那里的人。尽管南非问题很多，尼克却发现南非人总是对生活充满希望与喜乐。他从未见过那么深切的贫困和绝望，却也没看见过那么莫名的喜乐和坚定的信心。

事实上，自从那次南非之旅让尼克更深刻地觉察到自己的社区和国家有哪些人需要得到更多的帮助。他可以在附近的教会、养老院、红十字会、救世军、游民收容所、食物供应站等地方找到奉献自己时间、才华和金钱的机会。无论他分享的是时间、金钱、各种资源还是人脉，都一定会带来改变。

不失信的南非之旅，更加丰富和充实了尼克的生命，收获是无法计量的。尼克服务他人的使命感更加增强了，他的视野变得更加开阔。每当他看到人们遭遇的各种磨难，就会对自己拥有的一切心怀感激，不会一直去关注他所缺乏的东西，使他的生活态度更加乐观。

人生在世可以失言，但绝不能失信。古人说"人无信不立"，强调的就是信用，你做事有信用，做人讲信用，别人自然会相信你，敢和你来往，敢于和你合作。有信用的人，专业能力就算稍差一点，别人也愿意给他机会；专业能力强但没信用，合作一次就怕了，这种人的成就必然有限。你有信用，这种评价在人与人之间相互传播，终将带给你无限的好处。尼克用自己的信用，收获了丰盛的人生。

走出角落，主动接近他人

尼克在听从了父母的建议之后，尝试着走出角落，主动接近他人。在试着与同学接触时，他找到了那条通往人生目标的路。如果你也曾是那个躲在角落、自己一个人吃午餐的"新同学"，相信你一定能够体会到，一天到晚坐在轮椅上只会让事情变得更加糟糕。尼克从墨尔本搬到布里斯班、再到美国，然后又回到布里斯班，这些迁移过程中都会给他带来新的挑战，从而迫使他不断地进行调试。

每到一处，他的新同学通常会认为尼克的脑袋跟身体一样有障碍，除非尼克鼓起勇气，主动在午餐时间或在走廊上找同学交流，否则他们就会跟尼克保持一定的距离。尼克愈是去接近他们，大家就愈能接受他，而不会把他当成天外飞来的外星人。

你可以渴望、可以梦想，但你必须针对这些渴望和梦想采取必要的行动，尽可能地伸展自己、超越现状，以到达你想去的地方和你想要得到的效果。尼克希望学校里的人知道他的内在世界和他们是一样的，他走出自己的舒适区，让他们了解自己。"走出去"接触他人这件事给他带来了很棒的回报——尼克收获了朋友和快乐。

尼克没有失信于他的父母，在以后的生活中交到了朋友，并能更好地与他人相处，进而收获了更多。这些是他后来在自己的梦幻团队中与人和谐相处、赢得信任的基石。知识是财富，信用也是一种财富，拥有知识能使人变得充实，拥有信用能获得更多人的信任，使世界变得更加美好！守信是尼克价格不菲的鞋子，即使踏遍千山万水，质量也永恒不变。

尼克·胡哲经典语录：

"错的并不是我的身体，而是我对自己的人生设限，因而限制了我的视野，看不到生命的种种可能。"

尼克·胡哲私人秘籍：

一个人严守诺言，比守卫他的财产更重要。守诺言、重信用，才能获得众人的信任，这份信任是多少金钱都无法买到的。

尊重是深入交往的前提

尼克·胡哲没有四肢，却几乎样样皆能。他的足迹已遍布世界各地，接触到的人高达百余万人，激励和启发着他人的人生。他缔造了无数的生命奇迹。他在尊重别人的同时更是赢得了他人的尊重。

尊重和自己一样没有四肢的小男孩

在一次演说结束时，尼克发现台下的人群中有一个和他一样没有四肢的小男孩。"我邀请小男孩的爸爸把他抱上台。只有19个月大的他，跟我一样没有四肢，只有一只小脚板。我深情地望着他，心里不禁啧啧称奇。在这个没有四肢的生命计划里，精心安排了这次'奇遇'。"一年之后，当尼克再次遇上这个孩子的妈妈时。孩子的妈妈跟尼克说："当我拥抱你的时候，就如同拥抱着我自己24年后的儿子！"

从此，尼克、小男孩以及他的家人成了朋友，他们后来有了更深的交情。小男孩的父母对尼克的传奇人生充满了敬佩和赞扬，并把尼克作为自己孩子的榜样，从此对孩子未来的人生之路更加坚定，更加充满希望。看，尊重的力量是如此伟大。尼克在尊重他人的同时，也收获了他人的尊重，并结交了朋友。

现实生活中，人人都希望赢得友谊，人人都渴盼收获真诚，人人都愿意生活在人际关系和谐的环境里，而这些都建立在人与人之间的相互尊重的基础之上，我们赢得友谊；尊重他人，我们收获真诚；尊重他人，我们自己也必将获得尊重。

尊重每一个人、每一个地方

特别值得一提的是，尼克·胡哲对中国有着一份特殊的情感——迄今为止，他曾经五次访问中国。2008年、2009年，他先后两次来到中国，在北京、上海、四川等地举办多场公益讲座，反响热烈。他曾在清华大学、首都师范大学、复旦大学和中南财经政法大学发表演讲。2009年10月，尼克又专程深入四川什邡汶川特大地震灾区为当地的孩子们进行励志演讲，他用自己的人生经历和生活态度激励着1000多名在地震中经历灾难、留下心灵创伤甚至于失去肢体的孩子。

尼克通过自己的言行举止尊重着每一个人、每一个地方，通过走进校园、走进社区、走进名胜古迹，进一步深刻了解中国的过去和现在，了解中国民众的生活现状，特别是中国青少年良好的精神风采。他通过全球巡讲的方式向世界传递中国人民热爱生活、热爱和平的美好愿望，展现出中国青年乐观向上、积极进取的奋斗精神。

"我一生，爱冒险；我一生，决意要活得丰盛！"这是2010年8月尼克再次来到中国，在北京举办的"中国行——感恩的心·回馈社会"大型公益讲座时发出的肺腑之言。他用他的"半身奇迹"再次感动了中国。

他说："真正改变我们命运的，并不是我们的机遇，而是我们对待生活的态度。"这次，尼克同样用他的尊重、幽默且极具感染力的演讲感动了在场的每一位中国听众，他们在感叹尼克的传奇人生与坎坷经历的同时，更多的是被他自身坚持不懈的努力和顽强的意志深深打动。

尼克通过尊重他人的方式，结交了很多中国朋友，加深了与中国人民的友谊，并获得了越来越多中国人的认可和尊重。与朋友相处，我们应该向尼克学习，不要将朋友视为私人所有，这样的友谊必定不能长久，因为朋友也有他独立的人格，不但要给予他相当的个人空间，还要尊重他好的传统、正信的宗教、光明的观念、正常的嗜好，以及他的家庭，等等，只有这样的尊重，才可以带来长远的情谊。

尼克·胡哲经典语录：

"你或许会碰到艰难的时光，或许会倒下，然后觉得自己没有力量站起来。我懂那种感觉，我们都会碰上那样的状况。生命不会一直轻松愉快，但是当我们克服挑战，就会变得更强壮，也会对于能有那样的机会更感恩。真正重要的是你一路上接触到的人，以及你如何走完你的旅程。"

尼克·胡哲私人秘籍：

尊重是深入交往的前提，是一种人格魅力，尊重他人才能收获到真正的友谊。学会尊重他人，才能获得他人的尊重。

多一份信任，少一点儿猜疑

尼克·胡哲，他从出生就没有四肢，不过他并没有因为这种状况被限制。他去世界各地旅行，激励着上百万人以信心、希望、爱和勇气克服逆境，追求自己的人生梦想。他的独特经验，大部分是我们每个人都会经历的。他用自己独特的人生经历告诉我们：人生需要多一份信任，少一点儿猜疑，才能走向更加美好的人生。

对父母爱的信任，更加坚强

天生没有四肢的尼克的人生固然是不幸的，然而，生在一个充满爱的家庭里的尼克又是幸运的。父母在经历了最初的惊愕和痛苦后，冷静地接受了现实。他们从来就没有想到过要放弃这个孩子，而是希望尼克能像普通人一样生活和学习。父母像对待正常孩子一样，教尼克做能做的一切。

凭着对父母爱的信任，尼克渐渐地振作了起来，后来他终于明白，自己并不是这个世界上唯一不幸的人，自己也不是一个没有"明天"的人……

从那时开始，尼克尝试凡事要感恩，抱着积极和乐观的态度去面对生活。他渐渐地学会了自己身体的自由支配，并开始做越来越多的事情，做那些其他人必须要手脚并用才可以完成的事情，比如刷牙、洗头、用电脑、游泳、运动……尼克7年级的时候，他去竞争学生会主席，并成功当选。他与学生会同伴一起参与地方慈善机构和残疾组织的各种事务。无论做什么事情，他都必须付出比常人多几倍甚至几十倍的艰辛，但尼克从未放弃。回想起当初在普通学校艰难的求学经历，尼克说这是父母做出的最佳抉择。因为那段经历让他融入社会，变得更加独立。

尼克对父母爱的信任，培养了他的坚强，成就了他的梦想。现实生活中，人与人之间的相处都是以"信任"为基石，才能成就一个又一个的传奇故事。如果人与人之间缺乏信任，那么任何人都不可能成为朋友、亲人、恋人等一系列以人为本的关系。亲人、朋友之间的往来，亦是如此。如果彼此存有疑忌之心，不但不能互相信任，反而会使彼此受到伤害。因此，多一份信任，少一点儿猜疑，才能与人更好地相处，更好地生活。

信任的力量使我学会冲浪

每当生活出现状况，并一点一点地啃噬尼克的计划或梦想时，他都会想起一个神奇女孩——贝诗妮。她在被自然界最凶猛残酷的掠夺者——鲨鱼攻击之后仍然坚强地活了下来，还恢复了健康，甚至比以往更加坚定地过着一个非凡的人生。

贝诗妮的毅力大大鼓舞了尼克，尼克决定请她帮助做一件自己一直想做而没有做的事——冲浪，让尼克更惊讶的是，她立刻提议带他去威基基海滩。她介绍了两位冲浪明星——东尼莫尼兹（Tony Moniz）和蓝斯胡卡诺（Lance Ho´okano）——给尼克认识，他们也会一起下水。

当天在威基基海滩有个冲浪比赛，人群开始聚集，全都在关注着他们。这些专家给了尼克不少建议——虽然他们的建议让尼克内心更加紧张。那天贝诗妮在水中陪着尼克，鼓励他，但一开始尼克尝试着要追浪并站起来时，总是从冲浪板上掉下去。他试了六次，掉了六次。最终，在第七次尝试时，尼克追到一个大浪，并成功地在板子上站了起来……

当你怀疑自己能否实现人生目标时，请信任那些愿意助你一臂之力以及能够指引你的人。这就是尼克为了学会冲浪所学到的，他至今都认为今后都不可能再有更好的冲浪伙伴了，这就是信任的力量。从人的一生来讲，多一份信任，就多拥有了一份欢乐；少一点儿猜疑，就多一份安然。我们与其陷入多疑的不安，不如选择信任的淡然。

尼克·胡哲经典语录：

"我所能讲出的最伟大的信息就是，耶稣是主，也是我生命的救主。他是我的朋友。不论我去哪里他都与我同在。能在我与耶稣的关系中继续成长，我太高兴了。"

尼克·胡哲私人秘籍：

信任是一种有生命的感觉，信任也是一种高尚的情感，信任更是一种连接人与人之间的纽带。你有义务去信任另一个人，你也有权受到另一个人的信任。

与朋友相处，眼里须能容得进沙子

他演讲的足迹已经遍布全球各地，接触过的人已超过百万人，他虽然没有四肢，他却用自己的传奇故事，激励和启发着世人的人生。他就是尼克·胡哲，他用他独特的魅力赢得了越来越多的朋友，他告诉我们：与朋友相处，眼里须能容得进沙子。

听得进不中听的话

当尼克决心想要成为一名演说家、去帮助和鼓励世界各地的人们拥有信念，他跟一些亲近的朋友和家人谈到了自己的这个决定。有些人很是担心，其中包括尼克的父母。他们担心尼克的健康能否经受得起这样的负荷。

尼克仔细听他们说些什么，因为他知道他们希望他成功。当尼克的"梦幻团队"针对他的计划提供建议时，尼克在认真听，并仔细思考他们的建议，因为他希望他们继续帮助自己走向成功。尼克对这些朋友持敬重的态度，认为这些人是因为关心他，才会说出自己可能觉得不中听的话。

尼克认为,面对个人所追求的梦想,有些朋友甚至会泄你的气,虽然他们的忧虑或许有更好的出发点和理由。因此,朋友之间必须留同存异,相互谅解彼此对歧见的处理方式,然后继续向着自己既定的目标前进。这样,朋友之间的关系才能经得起时间的考验,并将持续下去。

"水至清则无鱼,人至察则无徒",与朋友相处,要有眼里容得进沙子的大度,宽容朋友方能善待自己。人与人之间的和谐相处是一门大学问,只要你有一颗宽容的心,不与别人斤斤计较,友谊才能长存。铭记别人对你真心的帮助,忘记别人对你无心的伤害,你会发现身边的朋友越来越多,越来越真诚,这就是宽容的魅力。从现在开始,让我们像尼克一样听得进忠言逆耳吧。

接纳朋友"嘲笑式"的鼓励

乔治是尼克的朋友,他是物理治疗师兼体适能教练。尼克告诉他,自己的背很不舒服,需要一些运动来强化背部,但是尼克不想健身,因为他忙于旅行和经营公司。乔治的回答很经典:"如果你希望一辈子都要应付背愈来愈痛的问题,那就祝你好运啦。"

他这样嘲笑尼克!当时,尼克真想拿自己的脑袋给他敲上一记。但尼克了解他其实是想激励自己,强迫尼克正视一个事实:如果尼克为了自己的目标而不愿调整自己的生活形态,那就等着自作自受吧。

他很明白地告诉尼克:"如果你不想改变就不要改,不过能让你的背舒服一点的,只有你自己。"

尼克以积极正确的态度对待朋友"嘲笑式"的鼓励,不计较太多,以豁达的心态对待朋友,收获了更多值得信赖的朋友,巩固了长久的友谊。生活中，友情同样需要经营，稍有不慎则会带来偏差。朋友之间的相处也需要运用一些方法和技巧来掌控，眼里须能容得进沙子，需要宽容，学会并运用这样的相处之道，相信你也可以更好地交到志同道合的良师益友了。

在质疑的建议中无畏前行

当尼克决心学习冲浪并向独臂冲浪女孩贝诗妮请教时，贝诗妮为尼克介绍了东尼莫尼兹和蓝斯胡卡诺两位冲浪明星，这两位明星也会和尼克一起下水。

那天在威基基海滩有个冲浪比赛，比赛将要开始时，人群开始慢慢地聚集起来，全部都在关注着尼克他们。这些专家给了尼克很多的建议，这些建议多少给尼克带来紧张。

"你真的要下水啊，老兄？"

"老兄，我搞不懂你没有四肢，怎么保持平衡？"

"你会游泳吗，老兄？你游得比鲨鱼快吗？"

下水后，尼克感觉好多了。因为他很轻，所以漂浮跟游泳都不成问题。尼克无畏朋友和他人善意的建议，并始终相信，环境可以改变，答案最终会出现，他终会获得意想不到的帮助。在坚持不懈的努力和朋友的帮助下，尼克成功学会了冲浪，成了第一个登上《冲浪客》杂志封面的菜鸟冲浪客。

后来，在采访蓝斯胡卡诺时他提出一个有趣的看法："我已经在这个海滩上待了一辈子，却从未参与过这种事。尼克是我见过最热情洋溢的人，他真的爱冲浪，他的血管里到处流淌着海水的气息。这件事让我觉得，一切都是可能的。"

尼克无畏于朋友的善意的建言，并把朋友的质疑当成是善意的建议，眼里容得进沙子，听得进去，他用自己的成功冲浪获得了大家的一致认可。生活中的我们也应该如此，需要把朋友的质疑声当成是善意的，要勇敢无畏，方能突破自我，成就人生。

尼克·胡哲经典语录：
"你我真的无法掌控所发生的事，但我们可以控制自己如何回应。"

尼克·胡哲私人秘籍：
朋友之间需要真诚相处，学会淡忘一些小的摩擦和不愉快，眼里容得进沙子，友谊才能天长地久。

亲爱的朋友，我永远是你坚实的后盾

尼克·胡哲的事迹遍布世界各地，激励和启发了很多人的人生，逾百万人直接受益于他的传奇人生。他告诉世人：每当遇到艰难困苦，请不要退缩，亲爱的朋友，我永远是你坚实的后盾。

我生命中有个计划，通过我的故事给予他人希望

在他19岁时，尼克开始追逐自己的梦想，他通过自己充满激情的演讲和亲身经历去鼓励和影响其他人，给人们带去光明和希望。"我找到了活下去的意义。"尼克这样说。尼克的足迹遍及全球二十多个国家，演

讲对象包括政府官员、总统、名人等，与超过 300 万人相互交流心得，并通过电视、报纸、杂志与超过 6 亿人进行沟通。他不再向上帝求手求脚，他明白了，上帝要借他来激励别人，为更多需要帮助的人带来福祉。

尼克向人们介绍了自己不屈服于命运的经历，他的人生点点滴滴、他的自信、他的幽默、他的沟通能力，这些都让他深受听众们的喜欢。尼克与听众们相互分享彼此的远见与梦想，鼓励他们积极、乐观、坚强，跳出现有的人生，去探索未来。他用自己顽强不屈的人生经历告诉听众，实现人生梦想最关键的就是要勇于坚持不懈和勇敢地面对失败，把失败看作是学习的机会，而不是被它所打垮。讲台上的尼克总是神采奕奕，他在世界上不同的国家做过大大小小的上千次演讲，但每次他都一如既往地充满激情。他说："人生最好的导师是自己的经验，要向自己学习，总结失败的经验和教训，为每天发生的事情感恩。"

凡是聆听过尼克演讲或看到过他演讲视频的人，也都无不为他的顽强、坦率、乐观、坚韧和永不放弃的精神所感染。身高不足一米、没有手和脚的尼克，赋予了这个世界一笔巨大的精神财富。演讲时，一张小小的书桌便是他的讲台，确切地说是舞台。

残缺的身体在讲台上自由移动、跳跃，而脸上始终带着自信的笑容。在向孩子演讲时，他总能找到孩子们喜欢的语言和方式，他幽默而风趣的演讲会让在场的孩子们的笑声、掌声始终不断。尼克从不掩饰自己的残疾，经常拿自己的"小鸡脚"开玩笑，逗得孩子们哄堂大笑。

在演讲中，他曾无数次地当众倒在桌子上，向台下的孩子和成人演示一个无手无脚的人如何重新站起来。一次不行，就第二次、第三次……直到身体艰难地站立。他用自己的生命体验让孩子们明白，实现梦想最重要是坚持自己的理想和勇敢地面对失败，把失败看作是通向成功的垫脚石，而不是被失败的恐惧打倒。孩子们流泪了。这是一种撼动灵魂的感动，经历一次，便刻骨铭心，终生难忘。

尼克用自己曲折的经历向人们讲述着人生需要坚强，无论我们遭遇到什么挫折和困苦，都不要忘记有一个没有四肢的人——尼克会做我们坚强的后盾。我们一生中会遇见很多人，和无数人交谈，真正能够成为朋友的永远是那些人生观、价值观、世界观相近或者是互补的。相近的价值观带来的是交谈时的共鸣和时间带不走的熟稔；互补的价值观则带给各自互相理解与彼此包容。

你必须得学会独当一面

尼克和他的团队共同做了个计划，想在 2008 年进行"走向世界之旅"，目标是访问 14 个国家。他们在计划初期设定了预算，并向社会发起募款活动，希望募集资金，以支付旅行的费用。因为没有专业的募款人员，所以最后募集的资金离目标还有相当一大段距离，确切地说，大约只募集到所需费用的三分之一。

但是尼克依然照计划展开行程，去了哥伦比亚、乌克兰、塞尔维亚和罗马尼亚。回来后，他的顾问们很担心接下来没有足够的经费来支撑剩下的访问计划。

尼克依约前往佛罗里达演讲。那场演讲因为大爆满，竟然动用了 450 位志愿者。尼克去那里是要激励大家，但听众的热情给了他信心和力量。他受到佛罗里达热烈回应的鼓励，让他在回加州的途中一直想着，他还是应该按照既定的计划进行世界巡回演讲。

后来，事实证明尼克独当一面的决定是正确的。他并没有得到单一的回应，之后发生了一连串令人惊奇的事，他收到了多位朋友好几笔大的资金支持，实现并完成了自己的世界之旅。

对待朋友，尼克是豁达睿智的。在我们的一生中，除了父母，朋友是陪伴我们时间最久的。很多时候，朋友会成为我们情绪低点的排泄口。在很多举棋不定和犹豫不决的抉择面前，我们一般会选择跟朋友倾诉，不一定是寻求解决方式，单纯的倾诉，朋友单纯的倾听也就足够了。朋友就像黑夜中的一盏启明灯，为你照明。朋友会在你高兴时赞扬你，会在你困难时帮助你，会在你沮丧时鼓励你。朋友，永远是我们坚强的后盾。

尼克·胡哲经典语录：

"我之所以快乐，是因为我真正了解，或许我不完美，但是我相信，我可以与人分享的东西很多，可以让别人的人生过得更好。"

尼克·胡哲私人秘籍：

在很多时候，友谊并不是一种资源，而是一种依靠，一种无形的力量，朋友是彼此的坚实后盾。

你们必须学会珍惜彼此

尼克·胡哲，用自己创造的一个又一个奇迹，用自己传奇的人生经历向我们讲述着与人相处的哲学，必须学会珍惜彼此。

珍惜彼此的友谊

贾姬是在各个方面都帮助过尼克的朋友,在尼克只有 10 多岁的时候,贾姬就住在他家附近。尽管她已婚并有小孩,但是每当尼克有心事要倾诉时贾姬总会腾出时间聆听,无论好事还是坏事。她的年龄没有大尼克很多,因此看起来不是严格的长辈而更像是一个有智慧的良师益友。

2002 年,是尼克大学学业和个人生活都很不顺的一年,他常常走神,因此也很迷惘。尼克跟交往多年的女友分手,整个人变得很情绪化,经常去找贾姬倾诉。尼克对她掏心掏肺,而她只是双手紧握,静静地坐着听他讲。尼克后来发现,自己正慢慢地把情绪重担卸下,转移到了她的身上。他们从不把友谊挂在口上,并不为了友谊而互相要求点什么,而是彼此为对方做一切办得到的事。这样的友谊,可遇而不可求。

尼克为能交到这样的朋友而感到幸运,他们也时时刻刻珍惜彼此的友谊。在人生的旅途中,友情是不可缺少的,好朋友更是必备的。在失落的时候,能幸运地得到好多朋友的关爱和鼓励。有他们温暖的问候,感觉永远是那么的温馨,即使下一秒就要掉眼泪了,也会被他们的"甜言蜜语"所引诱,情不自禁地笑出来,虽然在他们面前出丑,但是感觉还是那么的甜蜜,那么的幸福。纯洁的友谊非常难得,要珍惜友谊。

人的生活离不开友谊,要想得到真正的友谊却并非易事。友谊需要用忠诚去播种,用热情去灌溉,用原则去培养,用珍惜去护理。尼克和贾姬珍惜彼此的友谊,坚定着彼此的信念,在彼此觉得困惑或受伤时,都会相互鼓励对方。生活中,我们也应该珍惜这样的朋友。

珍惜彼此的爱情

那是 2010 年 4 月在美国德州的一场演讲，从来不确定自己是否能遇见另一半的尼克这样说："那是我这辈子见过最迷人、最热情的双眸，我深深被她吸引，很难把注意力集中在演讲上。"尼克用"一见钟情"形容当下的感受。

然而，当时碍于面子不敢轻举妄动的尼克，后来只以手机简讯的方式向好友表达对某位女孩的强烈好感，却没讲明对象，以至于让人误以为尼克喜欢的是佳苗单身的姊姊。直到误会被澄清，尼克才知道佳苗已经有位交往一年的男朋友。

就在尼克经历这一连串心情跌宕起伏的同时，佳苗的心中其实也出现一阵混乱。虽然当时已有一段看似稳定的关系，然而她却已考虑分手多时，直到遇见尼克后心中突然迸发出前所未有的好感着实让她"吓了一跳"。

然而，两人的爱情并没有从此一帆风顺。对佳苗而言，尼克创办的机构遇上财务危机，正是对两个人关系的考验；而佳苗是否真能接受一辈子都无法拥抱自己的男人并和他共组家庭、共度一生，则考验着尼克的信心。

相处中，两人都坚定不移地珍惜彼此的爱情。虽然从小面对异性的否定，但因尼克选择用别样的眼光看自己，塑造出他的人际智慧、健康的自我形象，以及将信心付诸行动的人生观，最终赢得了佳苗家人的信任；从小经历家庭破碎的佳苗，也用自己的成熟和智慧，以及无条件的支持与付出，选择以别样的眼光看待尼克，也是坚固两人爱情的关键之一。

终于，他们的爱情之树开花结果。两个人不但结了婚，还有了一个健康的孩子。相互珍惜彼此的爱情，才能收获爱情。在爱情的道路上，需要好好珍惜彼此的缘分，一旦错过，没有人会在原处等你，所以绝不要轻率地放弃。

爱情，象征着人类最淳朴、最美好、最真挚的情感。哪怕一贫如洗，爱情会把同样的甜蜜和幸福留给我们。朋友们，像尼克一样，珍惜彼此的爱情，坚守彼此的爱情吧。让我们在季节的角落里与爱人一起静静地分享那份幸福与甜蜜。

尼克·胡哲经典语录：
"最恶劣的残障，不是没有体肢，而是没有盼望的人生。"

尼克·胡哲私人秘籍：
学会珍惜彼此，是人生中最大的历练。珍惜彼此的友谊，珍惜彼此的爱情，都是难能可贵的。只有珍惜彼此，才不会错过，才不会后悔。

请给交往留点儿安全距离

你只要看一眼尼克，就会立刻理解为什么小男孩会这么说，进而感叹为什么要制造这样的生命。尼克重度残疾，却依然打造了不设限的美好人生。在他创造神奇美好人生的过程中，与人交往是很重要的一课。而他也用经历告诉我们：请给交往留点儿安全距离。

没裤子穿的教训

2002 年，当时尼克还住在澳大利亚，表弟纳森陪他去美国一个教会演讲。虽然在活动的前一晚抵达，但因为长途飞行的时差，他们都睡过了头。

按照既定计划，尼克要早起去教一堂课。但没有人忍心叫醒他。结果当尼克从昏沉状态中醒过来时，距离那堂课开始的时间只剩下 15 分钟。因为住得不远，尼克当时想还来得及，但是当他们急匆匆地赶到营会时，尼克突然想上厕所。通常这种事情尼克自己就能处理得来，但那天因为很急，纳森就说要帮他。他把尼克抱进公共厕所，解决之后，纳森进去帮尼克处理后续工作。正当他们要完成整个程序时，纳森很不幸地把尼克的短裤掉到马桶里了。

当时，尼克的尊严在慢动作的旋涡里消失无踪，他们吓得张大嘴巴当场呆掉。尼克站在那里，没有裤子可穿，而且上课迟到了。尼克毛骨悚然地瞪着表弟。虽然这件事结果是一笑置之，但却给了尼克一个教训：与人交往，要留点安全距离。

留点安全距离，我们才能更好地保留彼此的一点小秘密。如果距离太近了，反而很难体会到友谊的和谐之美。也许你会说这不是挺好吗，彼此之间没有秘密，能够做到足够坦诚，朋友之间是需要坦诚的，可相互坦诚并不是无限度的，任何人都需要有自己的空间，哪怕是最好的朋友，也不能闯进对方的私密空间，否则你将会因为你的冒失而失去友谊。

与看护经历的极度考验

尼克把"梦幻团队"的每一个成员都看作朋友。在2008年到欧洲巡回演讲时，尼克和他的看护之一布莱恩就面临极度考验。有一天晚上，他们抵达了罗马尼亚的提米索拉。在此之前，他们已经不眠不休地旅行了一周，尼克当时真的累瘫了，而这一晚是漫长行程中他第一次可以好好休息的机会。因为尼克向来睡得不好，布莱恩就给了尼克一颗褪黑激素，以此帮助他处理时差问题。

起先，尼克跟他建议说最好不要服用，因为尼克体重很轻，有时对营养品会产生奇怪的反应，布莱恩说这很安全。但是为了安全起见，尼克只吃了半颗。幸好他没有整颗吞下去，因为吃了以后，尼克马上进入了深沉的睡眠。

自从尼克展开演讲生涯之后，世界各地的邀约纷至沓来，而在许多不同的地方对着那么多人演讲，是非常需要全神贯注的，如果要自己照顾自己，会耗费他太多的精力，特别是在旅途中。因此，尼克需要聘用看护，即便如此，但他仍然期待将来有一天他会有妻儿的相伴，并再次回到独立的生活中。

尼克认为，即使有了看护，但也不能没有人际关系能力。因为就算你提供不错的待遇，你还是不能期待一个不喜欢你的人会喂你吃饭、跟着你到处跑、替你刮胡子、帮你穿衣服，有时还得需要抱着你。他觉得需要表现出对看护团队的关怀与体贴，否则光是向朋友或同事要求些什么，是很没礼貌的，人家并没有欠自己什么。

可见，把握好交往的尺度和距离并不是很难办到的事，只要你能处处为别人着想，和对方保持适当的距离，不要强迫对方说出其不想说的话，不要逼对方做出不喜欢的事情。给对方留下足够的空间和余地，同时又不能让对方感觉你是那么的遥不可及。这样，才能让彼此之间保持一个可以产生朦胧美的距离，友谊和关系会变得越来越美。

尼克·胡哲经典语录：

"有时你会发现，让自己摆脱陈规旧习或困境最好的方法，就是为自己或他们创造更美好的生活。"

尼克·胡哲私人秘籍：

人与人之间的交往要有个限度，要想在交际中游刃有余，就必须注意交往的尺度和距离，因为太近或者太远都不利于彼此之间的交往。

尼克·胡哲

永不放弃的心，比钻石还珍贵

Part 07
我的处世观
家人和朋友会赋予你生活的勇气与热情

岁月流转，唯有真爱可以成为永恒。爱，是一个伟大的字眼；爱，是支撑我们前行的动力；爱，是人们亘古的追求。爱自己，并推己及人，我们才能拥有更加强大的力量。在尼克·胡哲的生涯中，他始终被"爱"包围，在爱的激励中奋勇前行。

忘却仇恨，你才能不被仇恨所扰

尼克·胡哲天生残疾没有四肢，这对于普通人来说，恐怕连活下去的勇气也没有，即便与命运坚强抗争，也难免会遭到仇恨命运的不公，可是尼克·胡哲却积极乐观地生活着，并制造了生命的奇迹。

他曾经这样说过："无论你的现在如何，总有人会相信你，会爱你！"就是这样的人生态度，让他的内心时刻充满爱，在爱中淡却仇恨，忘却仇恨，不被仇恨所扰。

忘却仇恨才能开启新的生活

"8岁时，我非常消沉，"尼克回忆时这么说，"我冲妈妈大喊，告诉她我想死。"10岁时的一天，他曾试图把自己溺死在浴缸里，但是没能成功。在这期间他的父母一直鼓励他学会战胜困难，他也因此逐渐交到了朋友。直到13岁那年，尼克看到一篇刊登在报纸上的文章，其中介绍了一名残疾人坚持不懈，奋发图强，给自己设定一系列伟大目标付诸行动并完成的故事。令他备受启发，他决定把帮助他人作为人生目标，并逐步学会忘记仇恨，回想起那段备感艰辛的学习生涯，尼克认为这是父母为让他更好地融入并适应社会所做出的最佳抉择。"对我而言那段时间非常艰难，但它让我变得更加独立"。事实上，他拥有"金融理财和地产"双学士学位，并通过自己的努力获得世人的认可和尊敬。这与他忘记仇恨，开启新生活是密不可分的。

仇恨，已经在尼克的字典里被彻底地摒弃了。因为他觉得仇恨会让人失去理智，变得疯狂，以至于生活也会从此变得不幸，所以即便他经历再多的痛苦，他也不会选择去恨一个人，不想自己变得不幸。他认为，只有爱才能不断武装强大自己。

爱需要放下仇恨，忘却仇恨，这样才能从生活中得到解脱。尼克会用爱来宽容自己和宽容别人，忘却仇恨，让自己活得轻松快乐点。这样的生活充满阳光。符合他的性格、为人与处世之道。

尼克因为充分认识到了仇恨的可怕，所以选择忘却仇恨，并找到自己的人生目标，从而开启了新的生活。

忘却仇恨才是真正爱自己

尼克从 17 岁起开始在世界各地做巡回演讲，向人们介绍自己不屈服于命运的经历。他学会了忘却上天带给他的不公，在爱己与博爱的目标与规划中，不断追逐着属于自己的人生梦想。随着世界各地演讲邀请函的到来，他开始了他传奇的而精彩的演讲事业，迄今已到过 34 个国家和地区。并且创办了"没有四肢的生命"组织，帮助并鼓励有类似经历的人们走出阴影。2007 年，尼克移居美国洛杉矶，但是他的演讲并没有因此而停止。他还计划去南非和中东地区演讲。他用带有澳大利亚口音的英语向记者表达："我告诉人们跌倒了要学会爬起来，并开始钟爱自己。"尼克用行动忘却仇恨，用爱心思索，生活和工作中我们难免会遇到这样那样的困难和挫折，对待周边的人和事，也难免产生纷争与误解，如果因此而耿耿于怀，甚至因误会而产生"仇恨"，心中的仇恨也会越来越膨胀，最后挡住自己前进的去路。

人的一生有太多值得追求的东西，没有必要让仇恨挡住前进的道路。以恨对恨，恨永远存在；以爱对恨，恨自然消失。尼克始终认为生气或仇恨是拿别人的错误来惩罚自己，因此他选择忘却仇恨，远离仇恨的干扰，用乐观积极的态度面对生活，最终，他收获了爱，并赢得了世人的认可与尊敬。

忘却仇恨，才能收获更多

尼克说："真正改变命运的，不是我们所在的人生际遇，而是我们对生命的认知态度。"以仇恨交换仇恨，以爱心交换爱心。在仇恨——报复这个"食物链"中，谁都有可能是胜利者又都是失败者。尼克一直这样认为。现实社会，竞争虽然很残酷，但依然充满着爱。其实他最想表达的是"爱"的思想。他认为，"仇恨"就像一根管子，连接着你和敌人，当敌人的罪恶通过仇恨把负能量施加给自己时，只有忘却和爱才是切断这根管子的最有效的利器。

忘却仇恨，才能真正远离困扰；忘却仇恨，才能在爱的世界中徜徉，才能更好地生活。忘却仇恨，相信你能做到！

尼克·胡哲经典语录：

"人生最可悲的并非失去四肢，而是没有生存希望及目标！人们经常埋怨什么也做不来，但如果我们只记挂着想拥有或欠缺的东西，而不去珍惜所拥有的，那根本改变不了问题！真正改变命运的，并不是我们的机遇，而是我们的态度。"

尼克·胡哲私人秘籍：

仇恨与报复是你一拳来我一拳去，看似痛快，实际等于帮对方的忙。因为你出拳之时，首先伤害的是你自己——你的情绪、你的心态、你的健康。忘却仇恨，放过他人，更释放自己，在一种淡然的优雅中，用爱来包容和充实生活。

你容得下世界，世界才会容你

有这样一句话："当你抱怨没有鞋的时候，还有人没有脚。"尼克·胡哲就是这样的一个人，没有双手，也没有双脚，但却拥有两个大学学位，并且在事业上取得了巨大的成功。他年仅30岁，足迹已遍布全球各地，逾百万人接受过他的演讲，他激励和启发着需要帮助的人找到生命的信心。他就是尼克·胡哲，一个没有四肢却演绎了无数生命奇迹的人。

人生的遭遇难以控制，我能选择的是宽容

尼克·胡哲的经历远非正常人所能接受。他曾有过消沉但他努力学会面对困难，用宽容的心来对待周围的人和事，这使他逐渐交到了朋友，变得乐观而又勇敢。

你容得下世界，世界才会接纳你。社会是一张彼此互相联系的人际网络，没有人能够独自成功，因而要使自己无论何时都记得去体谅身边之人。知道人生的成长必须有一片包容的绿荫，而避免因苛责所导致的苦果。尼克正是做到了这一点，他获得了世人的认可和尊重，促使他在世界大舞台上的人生越来越精彩。

宽容别人就等于宽容自己，宽容的同时也创造出生命的美丽。宽

容的力量是无穷的，宽容会拂去我们心灵的尘埃。宽容一点，我们的生活会更加美好。人最大的魅力，是有一颗健康的心态。我们不断地握手，却又不得不经常放手。心无所求，坐也从容，行也从容，故生优雅。容貌乃天成，浮华在身外，心里满是阳光，才是永恒的美。尼克正是一个如此优雅的人，他用一颗宽容的心态看待整个人生，才是真正魅力十足的人。

我热爱我的生活，没有什么能够阻挡我

真正改变尼克人生的事情发生在他13岁那一年。母亲剪下报纸上的一篇文章拿给他看，上面刊登了一个残疾人走出困境并找到人生意义的励志故事。主人公没有被自身的残疾所打垮，反而为自己设立了一个个难以实现的人生目标，并且逐一去实现，在他实现自己追求理想的道路上他还不断帮助别人。主人公的一句话更是深深打动了他："上天把我们生成这样，就是为了给别人希望。"尼克从此更加振作起来，这件事使他终于明白，自己不再是这个世界上唯一不幸的人，自己更不在是一个没有"明天"的人……

从那时开始，尼克便尝试凡事感恩，抱着积极、乐观、宽容的态度生活。他渐渐学会了应付自己的不自如，并开始能单独做越来越多的事情，做那些常人必须要手脚并用才可以完成的事情，即使艰辛，他依然出色完成。

在人生的舞台上，心有多大舞台就有多大，人生就有多宽广，不必仰望别人，自己亦是风景。尼克用简单做生命的底色，看山是山，看水是水，微笑面对生活，相信总有一个笑脸是为他而绽露的，总有一处风景会因他而美丽。他用宽容的心热爱生活，让一切变得简单，

喜欢了就争取，得到了就珍惜，错过了就遗忘。他用自己真诚的行动告诉世人：你容得下世界，世界才会接纳你。

尼克·胡哲经典语录：

"人生的遭遇难以控制，有些事情不是你的错，也不是你可以阻止的。你能选择的不是放弃，而是继续努力争取更好的生活。"

尼克·胡哲私人秘籍：

再幸福的人生也有缺憾，再凄凉的人生都有幸福。潇洒的人生要学会淡看缺憾，随缘而动，你胸中容得下多少人，就能赢得多少人。你心里想开多少事，就能得到多少快乐。

每个人都能被另一个人所爱

对于天生残疾没有四肢的尼克·胡哲而言，他也许可以突破极限，尝试游泳、冲浪，甚至高空跳伞，但拥有婚姻一直是他人生中可遇而不可求的事情。造化弄人，就在2010年，在尼克的人生剧本中，写下了一段挑战极限的精彩篇章——他遇见了生命中的人生伴侣宫田佳苗，他们不仅携手走入婚姻，还于2013年生下一个健康的儿子。

一时的化学反应，还是上天预备的真爱？

这一切都归功于2014年4月他在美国德州的一次演讲。尼克这样形容他当时的感受："那是我这辈子见过的最迷人、最热情的双眸，我已经被她深深地吸引，很难再把注意力集中在演讲上。"

身为日本、墨西哥混血儿的宫田佳苗虽然坐在演讲厅最后排，一双深邃的大眼睛却深深吸引了他。直到后来，尼克知道佳苗在好友家担任保姆，并带着姊姊一起来听演讲。经过一番引荐，佳苗的自信、沉着而又亲切的性格更加吸引了尼克，更让尼克意想不到的是，佳苗竟然是个会玩高空跳伞的女孩！

然而，尼克因为碍于面子不敢轻举妄动仅以手机简讯的方式向好友表达他对某位女孩的强烈好感，但是却没有说明对象，以至于让人误认为尼克喜欢的是佳苗单身的姊姊。直到误会被澄清，尼克才知道佳苗和她现在的男朋友已经交往一年之久了。

就在尼克被这一连串事情搞得不知所措的时候，佳苗心中同样也出现一阵混乱。虽然当时已有一段看似稳定的关系，但她却已考虑分手多时，直到遇见尼克后心中燃起对他的前所未有的好感令她为之一震。

"这是我体内的化学反应，还是上天真的在启动一个呼之欲出的永恒真爱？"经过数日的祷告后，她的内心慢慢平静下来，决定和男友和平分手。她领悟，自己要找的不仅仅是一个男朋友，而是一位终身伴侣。

有"爱"做基础的二人世界才能品尝到婚姻的幸福。从此尼克不再是一个人，有个人在关心他。在他开心的时候陪他一起笑；沮丧的时候给予她鼓励，不管他怎样，佳苗始终不离不弃。爱与被爱是一种幸福。相信真爱，每个人都能被另一个人所爱。

信任彼此的选择，拥抱对方的缺陷

尼克和佳苗的爱情并不是一帆风顺的。当尼克创办的机构遇上财务危机，对于佳苗而言，是对两个人最大的考验；而佳苗能否接受一个一辈子都无法拥抱自己的男人并和他共同组建家庭、共度一生，同样考验着尼克的信心。

在以后的相处中，两人不断学习并坚定不移地寻求属于他们的真爱。从小面对异性的否定的尼克选择用别样的眼光看自己，并塑造出他独特的人际智慧、健康的自我形象，并将信心付诸行动的人生观，赢得佳苗家人的信任；因着父母离异与父丧，从小经历家庭破碎的佳苗，淬炼出异于同龄女孩的成熟，无条件的支持与付出，以别样的眼光看待尼克，也是坚固两人爱情的关键之一。

"对你们来说，他是一种遗憾，但我却会让他成为孩子们的榜样。"这是佳苗对尼克父母担忧的完美诠释，她深爱着尼克，并且有自信帮助尼克撑起整个家。

一次二人坐游艇出游，尼克突然要求亲佳苗的手。但是当佳苗伸出左手时，她一度以为尼克在"咬"她的手指，然后令她惊讶的是尼克正努力地为她套上婚戒，她忍不住流下泪。身体的缺陷并不影响他们对彼此的热情与坚定，从彼此相识到互许终身，他们享受彼此的陪伴、互相帮助，用独特的互动方式，一起游泳、一起下厨、为对方拍照、共乘电动机车……

当尼克翻开过去写的日记的时候，惊奇地发现，佳苗符合他所列的每个条件，感觉就像完成一个不可能的梦想。对他而言，佳苗扮演着丈夫、兄弟、儿子、朋友、演讲家、布道家与雇主的各种角色，她更像一座桥梁、一把钥匙，帮助他到达每个基督徒想到达的地方。

佳苗的出现，就像是上帝回馈他凭信心不断寻求并交托的答案。"每个人在感情中所经历的伤害，都是领受美好祝福的试练。"很多人或许会觉得这想法过度乐观或天真，但他鼓励每个人将心中真实的感觉交托给爱，不论他是单身还是在经历一段关系，都可以从爱的能量中得到最深的满足。

尼克·胡哲经典语录：
"上帝在我生命中有个计划，通过我的故事给予他人希望。"

尼克·胡哲私人秘籍：
爱和被爱同是人的情感需要，爱与被爱都是幸福。从爱到被爱，从失去到拥有，从快乐到悲伤，对于我来说，仅仅是一瞬的过往与曾经。只要自己的心是纯净的，只要自己的心是透明的，那么爱与被爱，以至于所带来的一切，对于后来的我们都是一瞬关于人生清澈的记忆与永恒的追逐！

善待他人就是善待自己

"因为我身体的 80% 是肺，所以我可以待在水中不需要外力就可以漂浮起来，'小鸡腿'则更像是推进器；因为有这两个小指头的存在，我可以做 V 字，每次拍照的时候，我都会把它跷起来。"

这就是尼克·胡哲，没有四肢的他，用自身的行动向世人宣誓着精彩的别样人生。

善意的鼓励救了我的命

尼克的整个童年不仅要挑战学习，还要与自卑和孤独艰难斗争。记得有一次上学，他曾被 12 个孩子冷嘲热讽。当天下午他就暗自决定："如果再多一个人取笑我，我就放弃自己。"就在这时一位女孩走过来对他说："嗨，尼克，你今天看起来不错啊。"虽然他已然记不清这个女孩子的样子，但是这句话永远地铭记在他的心里，这句话救了他的命。

人们本身就是群居动物，需要彼此帮扶、照应。生活犹如妆镜，如果能真诚处世待物，上天自然会眷顾你；若三心二意，糊弄人生，必然折射出邋遢的自己。善待他人，需从日常点滴做起，邻居的垃圾帮拎一拎，同事有难事竭力帮一帮，遇蹒跚老人帮扶一扶，公共区域保持安静……只要你认真做，总会收获一张笑脸、一份赞许、一个肯定，内心也会因此而爽朗、快意。

与人为善，为自己也为他人创造宽松和谐的人际关系，便可以少一份吵闹，多一份融洽，让个性和事业有更宽阔的自由天地；与人为善，不但能享受到施恩于人的喜悦，还能使自己的身心健康得到升华。尼克用自己的真实行动谱写着善待他人就是善待自己的诗篇。拥有一个和平、安详的世界，就如同拥有了一座五彩缤纷的花园：温柔的小草、慈祥的老树、温馨的花儿……散发的清香会沁人心脾。

在善待别人中收获感恩

2002 年的一天，尼克打算乘飞机去美国的一个教堂演讲，但是在机场出了岔子。起初航班延误，后来他们终于登机，就在飞机在跑道上滑行时，尼克看见飞机引擎正在冒烟。然后，消防车就呜呜叫着开过来了，消防人员跳下车便开始向飞机喷洒泡沫，抢着灭火。然而因为引擎失火，乘客们被告知要紧急疏散。

就在乘客们表现出惊恐不安、烦躁异常的同时，尼克却显得异常淡定，他甚至充满感谢，因为飞机引擎冒火时，他们是在地面上，而不是在空中。

接着，航空公司通报班机需要再延误两个小时，听到这个糟糕的消息，很多乘客都气得狂骂不止。当时尼克也觉得很烦躁，但他还是冷静地安慰自己就在这时，令他们高兴的事情发生了，航空公司为他们安排了另一架飞机，可以立刻起飞。

人们立刻去新的登机门排队登机。在找到自己的座位并安顿好之后，尼克松了一口气，这时他发现坐在自己旁边的女士正在低声啜泣。

"有什么可以帮助您的吗？"尼克问道。

那位女士解释说自己15岁的女儿因为一场例行手术出了严重差错，生命危在旦夕，她要飞去看她。尼克竭尽所能地安慰那位母亲，几乎整个航程都在和她谈话。就在临下飞机的时候，尼克的一句话彻底把她逗乐了，当她说搭飞机让她很紧张时，尼克说："你可以握住我的手。"

那位母亲对尼克能如此安慰自己表示感激。尼克告诉她："在航班延误，又换了不同的登机门后，我依然能坐在你身边，我心里也充满感激。"

人生一世，孜孜追求的不外乎开心和欢乐；有了欢乐，人生才有意义，生命的活水方能浇灌善良的心灵。用一颗善意的心，去坦诚待人，助人为乐，才能收获善意的果实，香甜而沁心。古人云，"予人玫瑰，手留余香"，善待他人，就是善待自己。尼克就是这样，喜欢与人为善，不为别的，只为心底的那份愉悦。

与人为善不是为了得到回报，而是为了让自己的生活更加快乐。善待他人是通往成功的途径之一，唯有我们去善待别人、关爱别人、帮助别人,才能处理好人与人之间的关系,才能与他人更加愉快的合作。

尼克·胡哲经典语录:

在我看来,生活中要遵循一些关键的原则,首要的一点就是要感恩,是时候感恩了。

尼克·胡哲私人秘籍:

善待别人就是善待自己。性格自私的人不愿意对别人付出任何关爱,所以他们永远都体会不到来自他人的友情和关爱。而那些胸襟开阔的人则始终生活在幸福和关爱之中,这些幸福和关爱既来自于别人,也来自于他们自己。

让我用最笨的方式感动你

尼克喜欢各种新的挑战,就拿刷牙来说,他把牙刷放在架子上,然后靠移动嘴巴来刷,有时的确很困难,也很挫败,但他最终解决了这个难题。生活中我们很容易在第一次失败后就决定放弃,有很多我们无法改变的障碍,但只要学会积极地看待,努力尝试,永不放弃。如果别人没有给你奇迹,你就想办法让其成为奇迹。因此,不要太在乎自己所没有的,而要学会感谢自己所拥有的。

这就是尼克·胡哲,他用自己最朴素也是最笨的方式激励着我们身边的每一个人。

如果我不放弃，我仍然能起来

就在尼克 17 岁的时候，他发现自己"特别能说"，于是萌生了做演讲家的想法，很不幸的是他打了 52 家学校的电话都拒绝他的演讲，但他并没有因此而放弃，在他拨打第 53 家学校的电话时，实现了他的第一次演讲。

"人生最大的意义是发挥出自己最大的潜质，尽自己最大的努力帮助需要的人。活着，就要面对挫折，但挫折是挑战，是机遇，从挫折中汲取失败的教训，去迎接胜利的曙光。因此，对待人生的原则是：确立正确的人生观，确立正确的人生宗旨，确立正确的人生结果。"尼克如是说。

在这个世界上，即便你万箭穿心、痛不欲生，也都需要你一个人承担并独自面对一切。你不勇敢，没有人替你坚强。尼克在没有四肢的残酷现实下，却用最笨的方式感动着大家。

我一生，决意要活得丰盛！

尼克对中国更有着一份特殊的感情——他数次访问中国，曾在清华大学、首都师范大学、复旦大学和中南财经政法大学发表演说。2008 年和 2009 年先后两次访问中国，并在北京、上海、四川等地举办多场公益讲座，收到了强烈的反响。2009 年 10 月，尼克又专程深入四川什邡汶川特大地震灾区为当地的孩子们进行励志演讲，他以自己饱经磨难的人生经历和积极乐观的生活态度感动和激励着在灾难中留下心灵创伤及在地震中失去肢体的孩子。

当 2010 年 8 月尼克再次来到中国，在北京举办"中国行——感恩的心·回馈社会"大型公益讲座上说出了他的肺腑之言："我一生，敢于冒险；我一生，注定要活得丰盛！"他用他的人生经历再次激励着每一位聆听者。

尼克用富有幽默且极具感染力的演讲感动着在场的每一位中国听众，"真正改变命运的，并不是上天带给我们的机遇，而是我们对生活的态度。"他们在感叹尼克的传奇人生与坎坷经历的同时，更多的是被他自身不懈的努力与坚韧的意志所折服。

尼克·胡哲经典语录：

"看，跌倒了可以站起来，一次不行可以再次尝试。你每天都会面临选择，可以选择放弃，也可以选择站起来。不要让羞耻感杀害你，不要让歉疚感杀害你，让爱帮助你。没有朋友，去找朋友，没有奇迹，去创造奇迹。你可以跌倒，但你不可以成为一个失败者。"

尼克·胡哲私人秘籍：

人生在世，各人有各人的因缘，各人有各人的机遇，有的人一生一帆风顺，有的人一生跌宕起伏，有的人一生平平淡淡，普普通通。自己把自己说服了，是一种理智的胜利；自己把自己感动了，是一种心灵的升华。最质朴最笨的方式，才能真正感动心灵。

来，给我个拥抱吧

天生残疾四肢全无，但是在冲浪、打高尔夫、游泳、足球这样的领域却样样皆能，这位三十而立已踏遍全球各地的励志演讲家，缔造了一个又一个人生奇迹。尼克·胡哲曾说,在走遍全球的过程中,他被37万人拥抱过。

父母迟来的拥抱

众所周知,尼克·胡哲的出生并没有给家庭带来惊喜,而是更多的惊恐:因为尼克从一出生身体就不完整。身为牧师的父亲看到儿子这个样子不禁吓了一大跳,甚至忍不住跑到医院产房外呕吐;母亲当时也无法接受这一残酷的事实,很庆幸的是,父母在最初的震惊之后接纳了他。即便是这样,母亲直到尼克4个月大才敢抱起他。他们从来没有放弃过这个孩子,希望尼克能像普通人一样生活和学习。父母像对待正常孩子一样,教尼克做能做的一切。开启了尼克的新生,更有助于了他以后的成就。

天生残缺对于尼克来说的确是最大的不幸。然而,父母充满无私的爱对于尼克来说是万幸的。父母可以为子女付出自己的一切,也甘愿付出一切。父母的拥抱充满了无穷的正能量,弥漫在他的内心世界里,鼓舞和激励着尼克在人生的道路中前行。每当尼克感到凄凉、无助的时候,父母的拥抱和关爱,时刻激励和鼓舞着他。

国内外许多人类行为学家研究证明,一个从小在妈妈拥抱中成长的孩子,他的性格和智力都会得到很好的发展。尼克从小生活在"爱"的环境中,他的性格智力才更阳光。

没有臂膀,却拥抱了37万多人

尼克实现它梦想的年龄是在他19岁的时候,他在世界各地巡回演讲,通过自己的亲身经历激励他人。他说:"我告诉人们失败时不要气馁，要始终爱自己。如果我能鼓励到的哪怕只是一个人，那么这就是我这辈子的工作。"

从那以后，尼克的足迹开始渐渐地遍布全球，与人们分享他的人生经历。尼克通过自己人生的点点滴滴和令人难以置信的沟通能力，深受孩子们和青年人的喜爱。没有双臂的尼克显然不能与人握手，但他喜欢用与人拥抱的方式来代替握手，世界各地的粉丝们都喜欢跟他拥抱，他被笑称为"拥抱机"。

2005年，尼克被评为"澳大利亚年度青年"，这是一项巨大的荣誉。如今，这位残疾青年已经创办了演讲公司，并担任国际公益组织的总裁。

如今的尼克已在全球34个国家发表了1500多场演讲，每年接到的演讲邀请高达3万多个。所有看过他演讲视频，或听过他演讲的人，都无不发自内心地诚服于这个曾被预言"永远得不到爱"的人。他已然成为世人心目中与命运顽强斗争的楷模，更恰当地说，一尊活的雕塑。

尼克·胡哲热爱生命、敢于挑战，他虽然没有臂膀，却拥抱了37万多人；他生下来就没有双腿，却走遍全球30多个国家。一个长期不被别人拥抱的人，是孤独的；一个长期不去拥抱别人的人，是冷漠的，他的感情也是枯竭的。他人的拥抱感动着尼克，更鼓舞着他用自己的心拥抱他人，爱的世界让尼克的人生更加精彩。

心理学家说，身体语言，是人与人之间最直接而重要的沟通方式，拥抱是身体的本能需要。而很多人的身体已经失语多年。失语的身体会让我们失去了很多明媚的"春天"。阳光不能仅仅只埋藏在一个人的内心深处，它只有释放出来才能让每个人都温暖。现在就转身，用你的爱心感动身边需要温暖的人，你将获得更多的拥抱。

尼克·胡哲经典语录：

"我热爱我的生命，你有权选择怎样过你的人生，有比生命更重要的吗？救人性命是世上最伟大的事业，我喜欢去爱人，我爱鼓励别人，拥抱，活出生命吧！你自己先改变自己，然后去改变其他人。"

尼克·胡哲私人秘籍：

人与人最长的距离叫等待，人与人最短的距离叫拥抱，人与人最可怕的距离叫漠视你的存在。别人的拥抱是认可、是鼓励，要想获得他人的拥抱，首先要做好自己。

爱自己，并拥有爱他人的力量

尼克·胡哲生于澳洲的一个家庭，因为一种罕见的"海豹肢症"导致尼克天生残疾没有四肢，但他没有放弃自己，放弃生活。他用爱自己，爱他人的力量，书写着传奇的人生。

笑对人生，不断尝试

尼克抱着积极和乐观的生活态度并尝试感恩。坚强地挺过来的他渐渐学会了应付自己的不自如，并学会开始做越来越多的事情，做那些常人手脚并用才可以完成的事情。在尼克 7 年级的时候，他就如愿成功竞选为学生会主席。并和同伴一起参加组织的各项事务。可想而知，做任何事情的同时尼克都要付出比别人多几倍甚至几十倍的艰辛，即使这样尼克也从未放弃。每当他回想起当初在普通学校的艰难求学经历，就会使他变得更加坚强。

残缺的左"脚"不仅可以帮助尼克保持身体平衡，当他要写字或取物时，也可以用两个脚指头夹着笔或其他物体。"我管它叫'小鸡腿'，"尼克开玩笑说。因为他身体的80%是肺，待在水里时可以漂起来，所以不必担心会沉入水底。

身体的缺陷并没有阻挡尼克对运动的热爱和新鲜事物的热情，他不但喜欢游泳而且对滑板、足球也很在行。尼克还能打高尔夫球，在击球时，他首先用下巴和左肩夹紧特制球杆，然后击打。尼克在2008年的夏威夷学会了冲浪，甚至掌握了在冲浪板上做360°旋转的高难度动作，并登上了美国权威的水上运动杂志《冲浪》封面。尽管如此，他却很平静地说："我的重心非常低，所以可以很好地掌握平衡。"

尼克曾经这样说："我的乐观源于我的不断尝试，在不断的失败中又不断站起来并最终取得成功，继而发现自己所具备的潜能。"

爱，是如此的重要，如同空气般不可或缺！对父母的爱，对伴侣的爱，对儿女的爱，对朋友的爱……它的身影无处不在。可是，在我们竭尽全力关爱身边亲人朋友的时候，却往往忽视了从最简单的事做起，那就是爱自己！尼克选择坚强、乐观地正视他残缺的身体，在不断尝试中，深深地磨砺并爱着自己。

尼克的人生经历是一个传奇。现实生活中的我们，更应该好好爱自己。现在我们可以做的就是：注意好自身的安全，锻炼好自己的身体，搞好自己的学习，养成良好的行为习惯、卫生习惯、生活习惯、学习习惯……不停地为自己的人生储备能量，将来才能成为对社会有用的人。

乐观幽默地爱着他人

"我自打一出生就没有手和脚,奇怪的是医学上也找不出究竟是何原因,但我庆幸的是有这'小鸡腿',是它帮了很大的忙。很有意思的是,我家的狗也误以为是'鸡腿'而险些被它吃掉,我就在它头上疯狂地打了好几下。

通常人们第一次见到我时会感到很有趣,而小孩子会显得极度兴奋。曾经有一位小男孩看见我,到我面前说:'发生了什么事?'(拉长音),我上前对他说:'是香烟。'还有一位小女孩看见我便说:'妈妈,看!外星人!'于是我疯狂地上前去吼叫(发出吼叫的声音,哇……),小女孩便尖叫啊……我追着她说:'我要吃掉你!'台下一片笑声,吓坏了她。"

以上是尼克演讲时说过的小故事,通过这两件事情,我们可以看到他乐观而又幽默地爱着他人。爱人者人恒爱之,敬人者人恒敬之,助人者也人恒助之。

爱他人必须先学会爱自己,爱他人就是爱自己。爱他人,温暖了别人,升华了自己,亦是一种幸福。

尼克·胡哲经典语录:

"人生中,爱与感恩是最重要的。我们要相信爱是最重要的,要对所拥有的一切感到庆幸和感恩。生命很短暂,但爱可以让短暂的生命永生。我们要爱自己、爱他人、爱世界。"

尼克·胡哲私人秘籍:

我爱自己,我爱他人。赠人玫瑰,手有余香。带着感恩的心启程,学会爱,爱自己,爱父母,爱朋友,爱他人。用爱生活,你会使自己幸福!用爱工作,你会使很多人幸福!

在爱情里，你配得上任何人

对于尼克·胡哲而言，没有四肢的他也许可以突破极限，并尝试游泳、冲浪，甚至高空跳伞。但拥有正常人的婚姻一直是他不可逾越的天然屏障。然而，他却用他神奇而富有特色的爱情告诉世人：爱情不设限，在爱情的世界里，你配得上任何人。

做最优秀的我

虽然上帝带给尼克的是一个不完整的身体。但他并没有因此自暴自弃，他不断适应自身的生存环境，找到方法并完成生活中的各项事情，在尼克的世界里，只要肯努力，就没有难以完成的事。他努力做最优秀的自己。

尼克也经历过失恋的创伤。在那样的经历之后，他觉得自己就像只失魂落魄的小狗一样。尼克花了好几年的时间挣扎于信心的重建。这些经历都让尼克变得更加成熟，让他可以更加珍惜上帝带给自己的这一切。

尼克意识到，身体的缺陷限制了他的单独活动范围。有很多事情他是无法办到的，但是坚强的尼克常常给别人、也给自己带来惊喜。2010年4月在美国德州的一场演讲，尼克奇迹般地遇到了他的人生伴侣宫田佳苗。尼克对佳苗一见钟情，心中突发好感的佳苗亦是如此。

尼克用自己的优秀和人格魅力赢得了美人芳心。假设你爱上一个人,而另一位同性也爱上这个人,可是,如果你和另一个人相比,容貌、身材、学识、声望、亲和力,都要稍逊一筹,你还是否有信心赢得爱情,你还是否坚信爱情会依然眷顾于你?这个问题显然会让人心里很纠结,或者说是绝望。我们谁都有爱的权利,却很少有选择最爱的权利。做最优秀的自己,才能给自己的爱情一个美好的相遇和开始。

她对我的爱,让我也难以置信

尼克能拥有一个贤惠美丽的妻子,一个健全可爱的宝宝,能组建起一个温暖而幸福的家庭真的令人难以置信。

在遇到佳苗之前,尼克曾经怀疑过自己是否会结婚。年已29岁的他,从来没有遇到过一位想跟他共度一生的人,他不禁问自己:"我还能否找到自己的公主?"

然而,在世界各地巡回布道、做励志演讲的尼克不仅遇到了自己的公主,而且还跟她结了婚。

佳苗说,他们彼此是一见钟情。"他或许外表不完美,但对我来说,他是我最完美的配搭,"而且,"我爱的就是他现在的样子"。她还透露,自己曾经也跟其他人约会过,自从遇到尼克后,她在寻找着不同的东西,尼克的一切让她觉得,"哇喔,他不仅是做男朋友的材料,而且还可成为我的丈夫。"

两人的约会曾引起了许多人的关注。人们很好奇,甚至会过来问他们,如何牵手、如何并肩散步?尼克说,"很多人过来,他们很感动地哭了,说'现在我们再次相信有真爱了'。"

婚后的尼克继续在世界各地巡回演讲激励人们。他知道妻子面对家庭生活会有很多挑战。然而，尼克说："她对我的爱，让我也难以置信。"

也许，爱情和幸福就是这么简单。所谓爱情，应该是什么样子？轰轰烈烈，不顾一切，算不算爱情；相濡以沫，执手到老，算不算爱情；平淡如水，相敬如宾，算不算爱情。真正的爱情，应该是两个人，彼此理解，互相尊重，不缠绕，不牵绊，不占有，然后相伴，走过一段漫长的旅程。

她爱的是我

佳苗对尼克的爱很真诚。就在他们交往了几个月之后，2010年12月，尼克所在的公司资金上遇到了问题。尼克原本是希望自己可以在未来新娘面前表现出最闪亮的一面。但是，佳苗却看到了最低谷的尼克。正因为如此，佳苗给了尼克无条件的爱。

尼克后来承认，他的经济上曾经有过5万美金的亏空。在焦虑中，他觉得自己是个不折不扣的失败者。但是佳苗没有选择离开他，而是继续陪伴在他的身边，用她无私的爱来鼓励尼克。尼克曾将自己的人生价值用财富来体现，当他的财务亏空时，他觉得自己没有了价值。然而佳苗提醒他，爱是没有价格标签的。她用语言和行动来证实，她在乎的不是尼克能提供什么给她，在乎的是尼克这个人，也将爱和关心都倾注在了他身上。尼克和佳苗的爱情，见证了真爱和奇迹。

尼克·胡哲经典语录：

"我祷告了很多年，希望能有一位能够真正爱我的女人。我也有感觉到失望过。但是我没有放弃。我将信心付诸行动，集中精力做最优秀的我，并且敞开心扉来面对机会。"

尼克·胡哲私人秘籍：

如若错过，便护她安好；如若相爱，便携手到老。遇见你，是我今生最美的缘。爱情是一种宿命，在爱情的世界里，你配得上任何人，今生来到这个世界，只为等某个归人，一起看日落烟霞。

一起向世界播撒爱的种子吧

尼克·胡哲的父亲是一位牧师，母亲是护士。他 1982 年出生，没有四肢的他令父母都极其震惊，以至于四个月后才接尼克回家，慢慢接受并把他当正常孩子抚养。尼克曾经因为自己的残缺而心生埋怨和愤怒，但最终爱战胜了一切。

热爱生命，鼓励别人，奇迹就会发生

活着的最大价值是被爱，生存的最大目标是去爱。热爱生命，鼓励并帮助别人，生活才会变得更加精彩。关于鼓励，尼克给我们讲述了一个发生在他身上的小故事：

上小学时，每天都会有很多人对尼克进行冷嘲热讽，如此的生活挑战着尼克的忍耐极限，当天又有 12 位同学先后嘲笑了他，尼克暗想，如果再受到一位同学的嘲笑，我就放弃上学。就在放学时，一个女同学走过来说："嗨，尼克！"当尼克正在为他预料的事情到来而难过时，小女孩说："尼克，你今天挺好的。"尼克笑了，他再也不愿轻言放弃。

鼓励是很有意义的，它甚至能拯救一批人，尼克去世界各地巡回演讲的目的就是想用他的事例鼓励大家，难道这样的人生还不够有意义吗？

人的一生中，有太多的东西我们想不明白，有时哪怕再努力也会被嘲笑或谩骂。尼克以他痛苦的历程告诉我们，不必理会别人的嘲讽，相反更需要珍爱自己，努力去寻找真正的朋友。真正的朋友会接纳我们，不论我们长得怎么样。

人生道路不会一帆风顺，也不会时时灿烂，态度决定高度。跌倒了我们勇敢地站起来，失败了我们要继续前行。只要不放弃，人生就有希望，只要勇往直前，胜利就在前方。尼克没有四肢，尚且能够凭借强大的理想和信念创造奇迹，更何况我们的四肢健全又有什么困难可以阻挡？加油吧，所有徘徊在困境中的人们！

自由播撒爱的种子

尼克认为自己的残疾是上帝赐给他的礼物，其中必有美好的旨意，于是奋发图强，以积极的生活态度面对人生，并坚持不懈地学习运用"小鸡腿"及颈部肌肉，培养自己穿衣服、吃饭、打字、游泳、骑马、钓鱼、开快艇，甚至冲浪的能力。幽默风趣的他，甚至能拿嘲笑自己的缺陷来激励别人，给无数绝望，甚至打算自杀的人带来了新的希望。

在他19岁那年，一位讲员到他学校进行演讲，令他深受感动。于是他也开始尝试学习演讲，经过他不断地坚持努力自己也成为一位可以帮助和激励他人、足迹遍及全球30多个国家的讲员。演讲对象涉及政府官员、总统、名人等，曾与300多万人进行交流，并通过电视、报纸、杂志与超过 6 亿人沟通。他明白了：他来到这个世上是为了让他能激励需要帮助的人，并造福人类。

人一旦遇到困境，就会用积极或消极的态度去面对。我们碰到无数困难，也会碰到无数抉择，同样也会碰到无数挑战。相比较尼克，上帝给了我们太多太多的"财富"！只是我们自己没有把握好。尼克的生命见证了凡事都能做，一切皆有可能。

充满爱的人生超酷

当认真听完尼克的演讲视频，人们几乎忘记了他是天生残疾的人，他积极、阳光、幽默、开朗的样子，是如此伟岸！小时候的尼克简直不敢想象有一天能够牵住妻子的手，现在他说，他能够牵住她的心；曾经的他以为自己没有手，不能够给人拥抱，然而现在他成了人们"拥抱的机器"，每次演讲后都有那么多的人排队等待他的拥抱，甚至有许多人还在他的肩上动情地哭泣。那一刻，尼克帅极了！尼克喜欢在演讲中表演一些小玩意儿，使大家心情舒畅，然后说，我酷吧。是的，尼克很酷！那是一种发自内心的帅与酷。

生命中有些东西是不能控制和改变的。尼克用他弱小的身躯，惊人的毅力，坚定地告诉我们：人类最恶劣的残障，不是没有肢体，而是没有希望的人生。心理的残障才是真正的残障。我们唯有改变自己的心态，热爱生命，奇迹就会发生。

每个人的生命都是独一无二的，外表瘦一点，胖一点，高一点，矮一点都不重要，重要的是我们要有一颗钻石一样宝贵的心。人生的旅程困难重重，我们仍然要学会时刻感恩，感恩我们拥有健全的身体，即使没有健全的身体，我们依然要感恩，感恩我们拥有一颗火热的心。

学会感恩也许很难,但不尝试又怎会成功?

尼克·胡哲经典语录:

"我热爱我的生活,没什么可以阻挡我,但是我时时刻刻都快乐吗?不,我也会伤心,我有时候也会哭,那倒并不是因为我没有手脚,这倒容易接受,我是担心如果我爱的人受了伤,我却什么也不能做,这会让我感到十分痛苦。"

尼克·胡哲私人秘籍:

面对恐惧、担忧,凭信心挑战不可能。命运纵使让我跌倒100次,但我要从101次抗争中站起来——这便是热爱的力量。

尼克·胡哲 永不放弃的心,比钻石还珍贵

Part 08
我的幸福观
让我们在所有的不公平中活出精彩

尼克·胡哲虽然缺少四肢,但这并没有妨碍他在各种奇遇中自得其乐。他从意义非凡的演讲事业中获得满足,他在幸福的人生体验中享受着亲情、友情和爱情。身体上的障碍,给了他独一无二的机会去帮助他人。他以独特的方式感动了世界。

幸福不在于有手有脚

当你在抱怨没有鞋的时候是否想到世界上还有很多没有手脚的人，尼克是一位勇敢的勇士，鼓舞着众人克服挑战与困难，找到生命的目的，走向幸福，得到不一样的人生。

充满挑战而又幸福的童年

尼克刚刚降临到这个世上时，父母害怕无力照顾他，担心他将来前途坎坷，不晓得将来会过什么样的日子。他们曾思考过几种选择，甚至包括放弃他，送给别人收养，但最后认定全力抚养尼克是他们的责任。

尽管尼克的父母哀伤过，但是他们坚强地把他们这个身体有残障的儿子当个"正常"孩子来养。他们对尼克很有信心，他们总是想着，上帝让这个孩子降临到这里，肯定是有理由的。

很快地，尼克证明了自己即使没有手脚，却依然行动敏捷，并具备良好的协调性。他整个人只有躯干，但也像个小男婴，是个滚动、到处冲撞的危险人物。他尝试着让身体直立，方法是用前额顶住墙面，然后使劲向上移动。后来，父母试着教尼克各种比较舒服的方法，但他总坚持要自己解决问题。

虽然有这么多的坎坎坷坷，但尼克的童年生活还是充满欢笑与喜乐。总的来说，尼克生活在一个相亲相爱的大家庭中，童年生活是正常而又幸福的。人生的遭遇难以控制，有些事情不是你的错，也不是你能够阻止得了的。你能选择的不是放弃,而是继续努力争取属于自己的更好生活。尼克希望人们认识到,事情会发生总有理由,而最后,结果会是好的。

做好自己,幸福来敲门

在一次面对300多名青少年的演讲中,正当尼克在分享自己的感受和信念时,发生了一件奇妙的事,有个女孩竟然崩溃到大哭。尽管悲伤流泪,她依然鼓起勇气举手发问,问她是否可以到前面来拥抱尼克。后来,她给了尼克一个超大的拥抱,并在他耳边轻声地说:"从来没人告诉过我,我这个样子就很漂亮,也没有人说过他爱我。你改变了我的生命,而且,你也是个漂亮的人。"

这个女孩让尼克感觉到他是一个通过演讲帮助别人的人。从此,他看事情的观点更加乐观,更加努力地做好自己,他很开心地意识到,他特殊的体质里蕴含着振奋人心、震撼灵魂的正能量。他用自己的实际行动成为了感动世界的励志演讲家。他的人生体验是幸福的,感动并激励着他人。

也许我们现在的生活不尽如人意,也不知道明天是否会更好,但是只要永不放弃,就有超乎想象的美好在前方等着我们。尼克虽然拥有残缺的身体,但他的人生同样幸福,谁能说不是呢?他的人生活得丰富而有意义,喜乐而又满足。

没有四肢,幸福的爱情从天而降

在一次巡回演讲上,尼克曾提到说上帝为他预备好了一位美娇娘,就等他去找到她。直到2010年,尼克认识了日裔美女宫原佳苗,彼此一见钟情。从天而降的爱情是奇妙美好的，经过一年多热恋之后，尼克和女友宫原佳苗在 2011 年 8 月订了婚。当年的情人节前夕，两人举行了盛大婚礼，正式步入婚姻的殿堂。

很多网友对尼克·胡哲和宫原佳苗的结合充满了祝福，更是对宫原佳苗充满了钦佩。在与尼克近两年的交往中，宫原佳苗表现得很低调，并没有借助尼克的声誉和自己的美貌大肆炒作，而是默默地帮助他照顾其生活，这正是很多网友虽然不了解美丽的宫原佳苗，但依然看好他们婚姻的缘故，并坚信他们的婚姻中有上天的做工和美好旨意。

幸福的意义并不在于有手有脚，尼克把自己的人生牢牢地握在了心中。生活中的我们，更要好好珍惜自己的人生，学会开启并追逐自己的幸福。

尼克·胡哲经典语录：

"当我的父母看到我出生时那没手没脚的模样，他们也不禁怀疑我以后的生活。然而，今天我过着完全超乎他们想象的生活。我只能说：'我的受造奇迹可畏。'你也一样。"

尼克·胡哲私人秘籍：

生命的重点不是拥有，而是存在。恒久的幸福感没有捷径，完全取决于自己的心态，忠于自己的天赋，让天赋发展，并和他人分享，将获得最大的幸福和喜悦。

为人生制订幸福计划

幸福究竟代表什么？如果让一千个人来回答，就会有一千种不同的答案。尼克·胡哲的身体虽然是残缺的，但人生却是幸福的。他为人乐观幽默、坚强不屈，热爱鼓励身边的人，年仅33岁的他足迹已遍布全球各地，帮助并激励着无数人。他的故事，激励和启发人生。

尼克的励志故事，鼓舞着成千上万不计其数的人。他之所以能够获得成功，在于他给自己的未来制订了一个幸福计划。

天道酬勤，寓信念于行动

通过手术尼克的两个连在一起的脚趾被分开了，经过他不断地练习，他能够灵活运用它们，而且熟练程度惊人。在有了手机和笔记本电脑之后，他甚至还能够用脚来打字和发短信，他唯一的小脚成了上天赠予他的福佑。

尼克渐渐懂得天道酬勤这个道理，这也确确实实在他身上发生了。他把自己的恐惧和担忧交付给命运，同时积极寻找出路，积累动力，并寓信念于行动。他已经成为举世闻名的励志演说家，恐惧和担忧早已被他抛到九霄云外，他的人生逐步走向辉煌。

尼克为信念而付诸行动的方式就是坚守他热爱的演说事业，周游世界各地，鼓励人们相互关爱，这个目标让他觉得幸福而满足。

寓信念于行动，不仅可以创造财富，实现人生价值，甚至可以给自己带来快乐，带来健康；寓信念于行动，还有助于消除孤独感、寂寞感与忧愁感，从而保持健康的心态。看过尼克的视频，听过他演讲的人，都会发自内心地被这个曾被预言"永远得不到爱"的人所折服。他与命运顽强斗争的精神已经深入人心。尼克的幸福人生正是这样一步步开拓的。

在规划中坚守幸福

尼克灿烂的笑容以及幸福的生活，是这个不幸男人最大的成就。从小在生理和心理上就饱受残疾带来的困扰。10 岁时，他曾尝试在浴缸淹死，然而自从自杀失败以后，他决心不再放弃自己，在规划中坚守着自己的梦想和幸福。

17 岁那年，尼克开办了自己的慈善事业——无肢人生。从大学拿到商学院学士学位后，他开始在各地巡回励志演讲，关注青少年问题，帮助那些需要帮助的人并鼓励他们走出困境。截至今日，他已到过五个大洲超过 40 个国家。尼克在世界各地发表演讲，讲述他是如何鼓起勇气战胜残疾并努力追逐自己的梦想。他坚定的信念和不屈的精神鼓舞了全球无数人。

倘若一个人没有自己的人生规划，更没有自己的人生目标，那么无论学历有多高，知识面有多广，也只能是一个碌碌无为的平庸之人，抑或只能一辈子做别人的跟班，做一个等着时间来把自己生命耗尽的人。尼克的生命清单是清晰的，他在自己的精神理想和追求中坚守着幸福。

预备的爱情

爱情是每个人最渴望的事情，当然尼克也不例外，他深信会有一个女孩在一个合适的时候出现在自己的面前，她将是尼克唯一的人生伴侣。"我连牵着妻子的手都没有，我怎么敢奢求结婚？"尼克也曾这样自卑过。

2010年,尼克·胡哲终于如愿以偿地认识了日裔美女宫原佳苗,并与之一见钟情。两个人在经过一段时间的热恋后,2011年7月29日,他公布了自己与深爱的女友订婚的好消息。他们深爱彼此,非常高兴且期待接下来的婚礼,携手共度人生。

他们用最和谐的音符奏出这段美妙的旋律,用最真挚的感情编织着这段精灵之爱,这是最伟大的爱情。尼克诠释着幸福的人生。他坚定不移地书写着属于自己的人生之路。感恩成为了他的左膀右臂,安抚着世人的心伤,拥抱着世间所有的爱。

尼克·胡哲经典语录:

"人生的遭遇难以控制,有些事情不是你的错,也不是你可以阻止的。你能选择的不是放弃,而是继续努力争取更好的生活。"

尼克·胡哲私人秘籍:

有了明确的人生规划之后,便可以做到"忙得有意义,忙到点子上",防止无意中进入"工作太忙而没时间思考"或者"思考太多而没时间工作"的自我成长陷阱,人生才能越来越幸福。

我的美就在于我的"不同"

即便尼克·胡哲表现出天性乐观、意志坚强的外表,但是他还是逐渐认识到自己永远都不可能像其他正常人一样,也不可能做到健全的人能做到的每一件事。生活的磨炼，使得尼克越来越坚强，他也越来越意识到他的美就在于他的"不同"。

接受自身的"不同"

一个从出生就被命运毫无缘故地剥夺了四肢的人，一个因为绝望曾经三次欲死的人，一个经受过太多苦难的孩子，凭着自己心灵的成长，依靠着自己对爱的信念超乎常人地活着，他与每个人分享自己人生的目标，帮助并鼓励着无数的人克服生命中的许许多多的挣扎。

这就是尼克·胡哲，他用无法正常行走的无形的一双脚，证明了他存在的真谛；他用没有双手的身体写下了一句句励志的名言；他没有手臂，却用他无边宽阔的胸怀拥抱了全人类！

纵观那些生活中追求完美的人，他们总是极易愤怒或抑郁，一旦自己有什么事没做好，他们就会变得寝食难安、自责不已。若是因为他人的原因而没有做好，他们便会不受控制地发脾气或喋喋不休。他们很容易感到孤独、伤感，人际关系时常处理得不够融洽，因为在别人眼中，他们是难以伺候且十分挑剔的人。那么，仔细想想，即便他们追求到了所要的那份"完美"，却要以牺牲快乐的心情、良好的人缘等为代价，这样的"完美"还真的"完美"吗？

尼克接受了自身的"不同"，在他的人生之路上激励、鼓舞着人生中遭遇挫折的人。其实，不完美也是有好处的，它可以为我们留下追求完美的希望，也可以培养我们知足常乐的平和心性。所谓月盈则亏，水满则溢，太完美的时候可能正是走向它的反面的时候，这样的事情在生活中屡见不鲜。

走出没有四肢的不同人生路

尼克既怕白天,也怕黑夜;怕众人的冷嘲热讽,也怕形单影只的孤独。暗夜里他流着泪自言自语:"是我的父母做错了什么吗?是我前世犯了罪吗?为什么偏偏是我生来没手没脚?"

灵魂的深处,他听到了回应:"不是你父母做错了什么,也不是你犯了什么过错,而是要在你的身上创造出奇迹来!"从此,一种从未体验过的平静扫过他的心头,他如婴儿般慢慢地睁开双眼,开始重新去认识这个世界。

他想学电脑,父亲就教他打字,他打字的速度达到每分钟43字节。

他喜欢水中的感觉,父亲就把他放入游泳池,他开始在水上学漂浮,后来竟学会了游泳。

他可以利用特殊的装置,自己刷牙、梳头、洗脸、做饭,他喜欢连跑带跳地爬楼梯,喜欢潜水、冲浪,喜欢高台跳水、开水上摩托艇。在夏威夷冲浪时,他可以在冲浪板上完成高难度的360度旋转动作,他因此登上了《冲浪客》杂志的封面。他喜欢踢足球,还喜欢打高尔夫球,他喜欢各种各样的运动。

这些对于普通人来说,都是难以想象的。尼克却用自身的"不同"不断完美着自己的人生。我们都羡慕完美,向往完美,并在生活的方方面面追求着完美。这是一种积极的人生态度,它可以使我们在学习、工作、为人处世上都力求做得好一些,再好一些,从而为自己打造更为成功、更为圆满的人生。

然而,人生真的有完美吗?常言道,人生不如意十有八九,如意事往往只有一二而已,虽然想要每一件事都圆满是一个美好的心愿,但是却是不可能真正实现的。完美可追,却不可力追。因为,如果过分追求完美，事实上又达不到完美，人心难免会浮躁，那样只会为自己的不完美惶惶不安，或为他人的不完美而生气怨愤，最后使完美变成了人生的包袱、心头的重负，压得自己喘不过气来。尼克用不完美的身体向世人宣告着对美好生活的渴望和向往。

尼克·胡哲经典语录：

"即使是我生命中最糟糕的事情，对于别人依然有着非凡的意义。"

尼克·胡哲私人秘籍：

不完美才是人生。只有在不完美中，人们才能实现人生的价值。人的存在在于不完美，而人的追求理应是完美。人生境界还有一个层次，那就是经过奋斗把不完美变得完美些。接受不完美，是生存的智慧，才能随处有缘，拥有幸福人生。

幸福是计较得少，而不是算计得多

尼克·胡哲从17岁就开始做演讲，向人们展示自己不屈服于命运的经历。后来演讲邀请信越来越多，他开始到世界各地巡回演讲，迄今为止他已到过35个国家和地区。他还创办了"没有四肢的生命"的组织，帮助有类似经历的人们摆脱阴影。2007年，尼克移居美国洛杉矶，他的演讲并没有因此而停止，并且一直在不断发展。他用亲身经历告诉世人：幸福是计较得少，而不是算计得多。

不去计较自己的残缺

他从一出生就残疾，只有躯干和头，如同一尊残破的雕像。他的模样以至于连他的父母一时都无法接受，直到半年后，他的妈妈才有勇气抱他，逗他玩耍。残酷的命运毫无征兆地夺去了他的四肢，他不能走路，不能拿东西，连吃饭、上厕所这种事都要依赖别人。

在他上学的第一天起，他就先后被十二个同学冷嘲热讽。在放学回家的路上，他想："如果还有第十三个人嘲笑我，我就放弃自己。"没过多久，一个小女孩叫住了他。尼克想："这下完了！"谁知那个女孩说："嗨！尼克，我只想告诉你，你今天看来很好啊。"从此，尼克想通了，他开始学会不去计较自己的残缺。

尼克有与众不同的人生经历可以与别人分享，给所有人坚持下去的力量。在多年的磨炼中，培养了他异常坚韧的心志和丰富的阅历。这些精神上的素养完全弥补了他肉体上的缺陷，从而帮助尼克超越了大多数健全的人，取得了非凡的成就。

人生亦是如此。在人生的旅途中，算计得越多，反而得到得越少；计较得越少，往往得到得越多。尼克少了对命运的计较，收获了另一种幸福的人生。

天赐的姻缘

2008年的一次巡回演讲，使尼克遇到了宫原佳苗，他们彼此"一见钟情"。2012年2月12日，尼克与妻子在美国加利福尼亚举行了婚礼。他们甚至来不及等到情人节。在婚礼上，尼克深情地对妻子说："我虽然无法牵着你的手，但我会握着你的心。"

他们在夏威夷度过了甜美的蜜月，在美丽的海滩上，尼克用自己的肩、颈和下颌控制相机为自己漂亮的妻子拍照,黄昏时两人一起品鸡尾酒……他们和其他新婚夫妇一样享受着甜蜜而浪漫的二人世界。

尼克在演说中曾表示盼望将来能找到一位美丽的妻子,如今他的梦想实现了,对于他的粉丝来说,这是一个很大的鼓舞,同样也是情人节前夕一份独特的礼物。

尼克的爱情受到世人的关注和祝福,他在人生中计较得少,却收到了更多人的祝福和认可,更收获了真心的爱情。生活中,我们苦心修炼本领,努力工作挣钱是为了追求未来的长久的幸福。但是,世界上所有的事情,有得必有失。有人得到了财富,却可能失去了健康;有人蹉跎了事业,却可能美满了家庭。即使我们拥有了全世界,也只能日食三餐,夜寐一床。人生真的不必太计较,不必刻意去算计,只要去体验就好。

每个人的财富地位或许有高低之分,但对快乐和幸福的体会并没有高低之别。只是富人的快乐比较复杂,穷困者的快乐比较简单而已。

尼克的人生哲学就是少算计、少计较,他从不幸中收获着幸福的体验。当你快乐时,悲伤便在一旁窥视;而当你痛苦时,幸福便会跃跃欲试。计较、算计个人的得失,人生中的幸福快乐会越来越少。有人认为有钱人比较快乐,可是看看现实生活中,一个穷困者用几百块就能得到的快乐,可等他有钱后,可能要花几万块,甚至几十万才能得到同等的快乐。少点计较、少点算计,人生就会多一点快乐,多一份幸福。

尼克·胡哲经典语录:

"最大的欺骗莫过于以为自己不够好,以为自己毫无价值。"

尼克·胡哲私人秘籍：

幸福并不是拥有很多东西，很多人因为贪婪而迷失了自己的真性，失去了生命的快乐。人生如水，我们必须学会像水一样去适应环境。幸福快乐是每个人自己的事情，只要你愿意，你就可以快乐；只要你愿意，快乐就可以成为你的习惯。

"如果我有……就会很快乐"是个大骗局

他告诫自己任何时候都不要轻言放弃。他虽然没有健全的四肢，但是有一副好口才和一个聪明健康的大脑。他用无比轻松的语调来调侃自己的经历，终于变得越来越自信。他做到了绝大多数普通人无法做到的事，他成了一名举世闻名的励志演说家。他就是尼克·胡哲，一个用身体和语言感动、激励着世界上很多的人。他用自己的经历告诉我们："如果我有……就会很快乐"是个大骗局。

不快乐的本身在于内心渴望太多

尼克在很小的时候，对上帝充满怀疑，并有过轻生的念头。长大后的尼克清楚知道自己跟别人不一样，便开始向父母提出问题，为什么这一切会发生在他的身上？父母看到了他心里的痛苦和挫折感，但是他们只是回答：只有上帝知道……

8岁的尼克曾经祈求上帝让他长出四肢来，但终究没得到回应。尼克说："我给自己下了定论，我永远不会结婚，不会有工作，不会过上一个有目标的人生。我会是个怎样的丈夫呢？我甚至都无法牵我妻子的手。我当时觉得心灰意冷，我不知如何形容那种感觉，我想结束自己的生命。"

尼克的整个童年，不仅要挑战学习，还要与自卑和孤独作斗争。尼克靠着坚定的信念、家人的支持和朋友的陪伴，信心一天天增长，并逐渐从不快乐的阴影中走出来。

尼克正视自己的命运，逐渐从失落和不快乐中走了出来。在我们的人生中，有太多的渴望，却一直在失望；有太多的梦想，却一直在白想；有太多言语，却一直在心中。对于我们来说有些事，轻轻放下，未必不是轻松；有些人，深深铭记，未必不是幸福；有些痛，淡淡看开，未必不是历练；有些路，慢慢地走，未必不是享受。

现实生活中，大多数的人处在不快乐的状态中。你现在最想要什么？房子？车子？待遇更好的工作？这是大部分没有这些东西的人们渴望得到的。他们想靠自己的付出尽快得到这些，更想通过自己让家人也得到更好的生活。如此一来，我们将陷入不快乐的泥潭。像尼克一样，少一点渴望，多一点平常心，拥抱我们现有的生活，你会发现生活原本很美好。

让内心趋于平静

第一次见到尼克·胡哲的人们都难掩震惊——他没有手和脚，就如同一尊素描课上的半身雕像。

尼克的生活完全能够自理，独立行走，上下楼梯，下床洗脸，打开电器开关，操作电脑，甚至每分钟能打 43 个字母，他对自己"谜"一般的身体充满感恩。

尼克在他的演讲中曾经这样说:"我父母教我不要因没有的生气,反而要为已拥有的感恩。我没有手脚,但我很感恩还有这只'小鸡腿'(左脚掌及相连的两个趾头),我家小狗曾误以为是鸡腿差点吃了它。(大笑)我用这两个宝贵的趾头做很多事,走路、打字、踢球、游泳、弹奏打击乐……我待在水里可以漂起来,因为我身体的80%是肺,'小鸡腿'则像是推进器;因为这两个趾头,我还可以做V字,每次拍照,我都会把它跷起来。"尼克在演说中,经常会跷起他的两个趾头,绽露满脸笑容。

在尼克的生活中,他逐渐让内心趋于平静。现实生活中,内心的不平静就像是破坏快乐心情的一把利刃,侵蚀着人们脆弱的神经。然而,世上的人和事从来都没有绝对的圆满,所谓幸福与否,只不过是个人的一种感受罢了。那些在旁人眼里似乎已经很幸福的人,倘若不懂知足、不懂珍惜拥有,也会愁容满面、郁郁寡欢;而那些看似过得不好的人,但他们如尼克一般,拥有一颗乐观的心,对生活赐予他们的一切充满感恩,同样能幸福着自己的人生。

尼克·胡哲经典语录:

"有人问我,你觉得自己是这世界上最快乐的人吗?我要说是的。我对人生的三个真谛——价值、目标、宗旨都很清楚,我知道我将要干什么,所以我很快乐。无论怎样,满足于你所拥有的,比如我就很珍惜我的'小鸡腿',不要放弃任何事,爱别人,每天向前走一小步,你一定可以完成自己人生的目标。"

· 尼克·胡哲私人秘籍:

渴望太多,来不及消化,没有得到便已经失去,所以就变得更不快乐。追求大部分人追求的那些,那些都是自己强加给自己的。美好的生活不在别处,其实就在自己的身边,我们只是需要正视它。

豁达的人生很幸福,很美好

尼克曾在澳大利亚、美国、加拿大、中国、新加坡、南非、哥伦比亚、印度等 25 个国家和地区分享自己的人生经历。虽然他没有拥有健全的四肢,但他认为拥有一个健康的心灵、来自信念的力量比什么都重要。他的演说激励了无数的人,让听众知道每一个生命都有美好的旨意。尼克豁达的人生态度,很幸福,很美好。

从不幸中开启豁达

天生残疾的尼克令他父母毫无心理准备,医生也给不出合理的解释。他的妈妈曾是一名护士,她怀尼克时采取了各种预防措施,她非常清楚什么事该做或不该做,她头痛时甚至没有服止痛药,她确定自己所做的一切都没问题,她照过 3 次 B 超,大家都没发现问题,以为尼克只是保持某种姿势。但事实上,出生后的尼克没有四肢,那是一个大悲剧。

尼克的命运显然是很不幸的,但他在不幸中开启了豁达,以豁达的人生态度迎接命运的挑战。豁达才能走出烦恼、痛苦和惶惑。我们不求拥有很多的财富,拥有常人所无法拥有的东西,只要自己觉得快乐，自己觉得一天的时间里没有浪费掉不该浪费的时间就行了。

豁达更是一种境界，保持内心的方正和心灵的纯洁，我们可以感受到自己想通之后获得了更大的快乐。尼克用豁达坦然笑对人生，得到的是快乐、是幸福。生活中遭遇挫折困苦的我们，请尝试用豁达的态度面对一切，我们会发现，一切豁然开朗。

学会谦卑做人

尼克年少的时候，曾经特别讨厌别人的帮助。他曾经认为，向别人求助是一件很丢人的事儿，不管对方是谁。他讨厌求助别人才能进食、才能被抬到一把椅子上、才能去洗手间的尴尬。

尼克曾经一度做不到谦卑。他回忆认为，曾经的自己找到自力更生的方法来变得更加独立是有一定益处的，但是他当时那种任性的自立方式有时候就像是在强迫甚至威胁人们来帮助自己。他对自己曾经认为理所当然应该享受特殊待遇的想法和认识而感到抱歉。

多年来，尼克做会计的父亲一直提醒他要认真理财，储蓄要大于支出，启动新项目时，一定要做预算，等等。但是尼克把父亲的话当成了耳边风。喜欢冒险的尼克和更加保守的父亲，性格截然不同。尼克往往认为，这不是存钱的时候，而是投资和播种的时候。当他不得不依靠父亲自掏的五万美元来让公司摆脱困境时，那种感觉是很痛苦的。

挫败的经历，让尼克明白了他的人生在很多方面都缺少谦卑。谦卑对于经历危机的人来说，是至关重要的。一般人面对被归咎为一个错误或者一次失败，可能会感觉很难堪。但是，痛哭、发疯甚至是放弃，都不能改变事实，消极的情绪只会让我们感觉更糟，并把我们推得更远。

曾经的尼克，一贯的行事作风就是把所有的业务都一股脑儿地扛在自己肩上。他后来意识到这种做法忽视了对身边人的信念，是既傲慢又不可行的。他后来警告、提醒着自己要谦卑，要把自己拉回正常的人生轨道。

尼克的故事正说明了一种豁达的人生态度。生活中，如果被人生的危机打倒，我们被迫变得谦卑，去寻求他人的帮助，反而是一件好事。谦卑会培养感激和感恩，这两种力量能够治愈伤痛，给人们带来幸福。要知道，你若感激和感恩，处处皆可感激和感恩！你若成长，事事皆可成长！不是世界选择了你，而是你选择了这个世界！

尼克·胡哲经典语录：
"一个人本色的样子就是最美的。"

尼克·胡哲私人秘籍：
豁达是一种感觉，不是因为你是有钱人，或者你是有地位的人，只有从心里感到真正的豁达，才是真正的豁达。追求豁达的人生态度，沿途的风景和经历会丰富你的阅历，创造人生之中的应有价值。

平常心也是一种人生境界

他的思路清晰，语言幽默，嗓音富有磁性。现如今，他在全球34个国家发表过1500多次演讲，每年还会收到3万多个来自世界各地的演讲邀请。看过他的视频，听过他演讲的人，都会发自内心地诚服于这个曾被预言"永远得不到爱"的人。他已经成为世人心目中与命运顽强斗争的榜样，确切地说，是一尊活的雕塑。他就是尼克·胡哲。

不幸的人生体验

尼克出生后，他的父母经历了很多艰难的阶段，他们无法接受事实，带着小尼克看了很多的医生，并试着理解到底发生了什么。尼克的母亲回忆："我以为那是一场噩梦，我以为当我一觉醒来，噩梦就会结束，所以我不确定自己是否要带他回家，我不愿意照顾他。"

好几个月后，这个家才慢慢进入平静，他们选择顺从。事实上，这是一场艰辛的战役，供应尼克所需的一切，是一场持续的挣扎，可以寻求帮助的对象和渠道并不多，这对夫妇只能独自克服各种问题，在不断地尝试和纠错中摸索。找寻或设计合适的轮椅设备，筹集资金支付一切，甚至与社会的律例抗争。

由于尼克身体上的残障，当时澳大利亚的法律规定不允许他进入正规学校，但他的母亲却力争修改法律，经历万般艰难，终于使尼克成为第一个进入正规学校就读的残障生。上学后，孩子们都趴在课桌上听课，唯独金黄色头发的小尼克突兀地"站"在书桌上，用仅有的两个脚指头夹住笔写写画画。

尼克在不幸的人生体验中，用一颗平常心正确看待眼前的一切，优雅地处理当前发生的事情，他不会因此增加不必要的苦恼和烦闷，也就不会给自我的前程设置障碍。他能够享受每一天的愉悦！从而，更加有利于人生的进展。

当今社会，挣钱的门路很多，贫富差异比较大，物质享受也会相差悬殊；没有平常心，难以找到平衡点，难免会被一些不必要的烦恼所困扰，容易出现心理失衡。只有静下心来去打拼，才能充分发挥出自我最大的潜质。那些只会跟着别人走，事事学着别人那样的人，是成不了大事的。

保持一颗平常心

当尼克 19 岁时，他开始追逐自己的梦想，他通过自己充满激情的演讲和亲身经历去鼓励着其他人，给人们带来希望。"我找到了我活下去的意义。"尼克这样说。他的足迹已遍布全球很多国家，政府官员、总统、名人等都是他的演讲对象，与超过 300 万人交流心得，并通过电视、报纸、杂志与超过 6 亿人进行沟通。他明白了一个道理：他来到世上是为了激励别人，为万人带来福祉。

尼克向人们展示了自己同命运作斗争的经历，他人生的点点滴滴、他的自信、他的幽默、他的沟通能力，让他深受听众们的喜欢。尼克还与听众们共同分享远见与梦想，鼓励他们乐观坚强，跳出现有的人生去思索未来。他用自己顽强不屈的人生经历告诉听众，完成梦想最关键的就是坚持不懈与勇敢地面对失败，把失败看作是学习的机会，而不是被失败所打倒。讲台上的尼克总是神采飞扬，他在世界上不同的国家做过大大小小的演讲上千次，但每次他都一如既往地充满激情。他说："人生最好的导师是自己的经验，要向自己学习，总结失败的经验，为每天发生的事情感恩。"

尼克的故事，正是保持一颗平常心的最佳写照。保持一颗平常心，待人会更宽容。有了好的心态，遇事多往好处想，就能迅速发现别人的长处，就能够从心里坦然地接纳每一个人。生活和工作中会碰到各种各样的人，每个人既有优点，又有缺点。如果有一颗平常心，就会冷静地思考，就能一分为二看待别人，即使有不妥当的地方，也容易发现自我的问题，及时作出调整和改正，不至于对人产生偏见，使自我处于被动局面。

尼克·胡哲经典语录：

"我仍可以做很多事，在家我可以刷牙、梳头，现在甚至能环游世界，真的不可思议。"

尼克·胡哲私人秘籍：

不管碰到什么状况，心里都不会有太大的落差，保持一颗平常心，这就能够使我们在逆境中不至于迷失自我，在遭受失败和挫折后，很快地重新找回自我，校正前进的目标。

让我们来一起分享幸福吧

尼克·胡哲来自澳大利亚的"生命斗士"。他鼓舞着全球无数灵魂。也许他的身体是残缺的，但上帝赐予他的却不是一个残缺的灵魂和一段残缺的人生，他用自己的故事向人们诉说着一起分享幸福的快乐。

用心体验幸福

现在的尼克和他的朋友埃杜瓦多都把彼此当成了兄弟。回想起拍摄《蝴蝶马戏团》的经历，尼克不胜唏嘘。那段时间，为了完成他们两人一起的一场打戏，埃杜瓦多不得不大声呵斥他，甚至让尼克朝他脸上吐口水。尼克不断请求导演干脆用特效来完成那个镜头，但作为专业演员的埃杜瓦多则不断劝说尼克照原计划来，直到尼克最后终于同意。事实上，埃杜瓦多并没有因为一个业余演员难免重拍七八次而烦躁得跳脚！拍摄过程中，剧组给了尼克一些特殊的药片，才让他吐出了带沫的口水。

很多年来，尼克和埃杜瓦多的友谊有增无减，他们互相分享着幸福，用心体验着幸福。埃杜瓦多的事业不断上升，他制作的电影作品越来越充满信念和积极向上，人生越来越有方向；尼克则在演说事业中和全世界的人们分享着他的幸福和喜乐。

尼克第一次在《蝴蝶马戏团》的拍摄现场看到埃杜瓦多的时候，埃杜瓦多说在人生最艰难的那段时期里，他在公寓的墙上保留了一张尼克的海报，来激励自己，这曾让尼克吃惊不已。而当埃杜瓦多讲了自己的故事后，尼克发现他反过来对自己产生了激励作用。因为，埃杜瓦多从最初想要得到社会所推崇的金钱、名望和女人的名缰利锁中挣脱了出来，他找到了人生积极向上的正确方向。

尼克的身体虽然是残缺的，但他用坚强书写着人生。他对生活充满感恩，认为生活是幸福的，并且乐于和大众一起来分享。幸福是一种心态，不是一种状态。幸福需要与人分享，幸福因分享而增值。幸福是一件神奇的宝贝，它不会越分越少，只会越分越多。

一个永恒的真爱故事

尼克坦率说道，其实他虽然有突破自己身体极限，比如冲浪、高空跳伞等许多经历，但拥有婚姻的确对他来说是自己人生中不敢过多奢望的事情。在遇到佳苗之前，尼克甚至怀疑过自己是否可以结婚。因为当时已经29岁的他，从来没有遇到过一位想跟他共度一生的人，他也不禁问自己，是否还能找到自己命中的公主？但命运把"不可能"变为了可能，最后他和佳苗相识相爱，并且也在这个过程中帮助尼克面对忧虑和恐惧，挑战人生中另一种"不可能"，最终享受到爱情的信任和甜美。

为人父母，必定会担心自己的孩子，尼克和佳苗的父母也不例外，尤其是面对尼克的特殊情况，他们担心两人的婚姻、孩子和未来。然而，这对小夫妻却用自己的实际行动抚平了这种忧虑。佳苗是个贤内助，撑起了整个家，尼克是个好丈夫，他对佳苗体贴、感恩。

尼克用最质朴的真诚把快乐和幸福分享给大家。他深刻意识到，当快乐只属于自己时，那只是一个快乐。把自己的快乐拿出来和大家分享，就会变成两个甚至更多的快乐。只有懂得分享，才会得到更多的快乐。因为分享，人与人之间的距离会拉得更近；我们的生活会变得更轻松和愉快；我们才会更多地享受到快乐。

亲爱的朋友们，快乐的时候我们一起分享，悲伤的时候我们一起分担，幸福、快乐会随时伴在身边，愿与大家共分享，希望大家拥有更多的幸福和快乐！

尼克·胡哲经典语录：

"我生命中有个计划，就是通过我的故事给予他人希望。"

尼克·胡哲私人秘籍：

只要你感觉到幸福，并乐于和别人一起来分享，那你就是幸福的，幸福就是一种心态，一种给人愉悦的心态，虽然简简单单，但是也要心境平和才会感觉得到，并持续着。

随时、随性、随缘、随喜

假如有一天,你失去了双手、双脚,你将如何吃饭、穿衣、自由地行走、奔跑?你的人生能否像他一样?澳大利亚青年尼克·胡哲每天都要面对这个现实:生来就没有四肢,只能靠一个"小鸡腿"来活动。但他用随时、随性、随缘、随喜的生活态度演绎着人生的传奇。

我的世界和他人不同

身体的残疾让尼克从小就饱受嘲笑,好大的人了,他还需要父母抱着进洗手间,那种尴尬和羞愧,几乎让他无地自容。8岁时,他想过自杀。10岁时,他尝试着自杀了3次,但是都没有成功。

随着成长,他慢慢意识到,自己与正常人是不同的。他甚至问自己:"我存在的价值在哪里?"

第一次玩足球时,球向他疾速飞来,他的第一反应是用"小鸡腿"去接。可以想象,此后一个星期他都只能跷着脚,用大腿根部走路的狼狈。但是,这次尝试让他突然发现自己没什么是不可以的,一切都可以随时尝试。

他在学习写字的时候,通过把妈妈制作的塑料模型套在脚趾上,夹住笔写写画画。现在,他每分钟能在电脑上熟练地打43个字母。他学习刷牙,将牙刷夹在脖子和肩膀之间的肌肉里,来来回回移动嘴巴。

在学校里,他和别的孩子一起学习、运动,他会踢足球、打高尔夫、钓鱼、玩打击乐、溜滑板，他擅长骑马、游泳、驾快艇。进了大学，他还成为校学生会主席。"至少我还有大脑，不是吗？"

19岁那年，他曾作过一次公开的演讲，很多人为他的故事潸然落泪，一个女孩哽咽着拥抱了他，在他的耳边说谢谢。那一刻，尼克忽然觉得，自己给别人带来了希望，而这正是自己的价值所在。于是他决定，"我要做一名演讲家"！

尼克就是这样一个"随心所欲"的人，一个有勇气坚持自己的追求和理念的人。他正因为明了自己的心，才不会被世间形形色色的诱惑迷失了双眼，也不会被生活的条条框框束缚手脚，他敢于去实践心中的理想，敢于追求自己想要的人生和生活，并努力活出自己的精彩。这样的人，不管别人怎样看待他、评论他，都不会影响到他自己的人生价值判断，因着这份坚持，他实现了自己的目标、创造自己的完美人生。

没手没脚，没烦恼

尼克的每次演讲都会热闹非凡。台上的他，喜欢不安分地用"小鸡腿"跳来跳去，对观众搞恶作剧。"我最喜欢开玩笑了""仗着身材迷你"，他曾让朋友把自己塞进飞机行李舱吓唬别人。他甚至还在汽车座椅上原地转圈，邻车的司机透过车窗玻璃，看到他头部在360度旋转，惊得目瞪口呆。

他用仅有两个脚趾的脚掌灵活地敲击敲鼓机，富有强烈节奏感的音乐顿时震撼全场。"That'scool！"（这真酷！）他吹着口哨，神采飞扬，有着同龄人的活力。"我喜欢我的小脚掌！"他调皮地用脚趾比画出一个"V"字。

从放给观众的短片中看到，尼克从跳板上一跃而下，周围人提心吊胆，他突然从水里冒出来，哈哈大笑。

"人们的确忽略了我没有双臂和双腿的事实,而把我当成了普通人来对待。"尼克走遍了 20 余个国家,与上百万人分享独特的人生。他的演讲"NoArms,Nolegs,Noworries(没手、没脚,没烦恼)",每到一处就激起心灵震撼,被制作成视频,风靡网络。

尼克虽然没有四肢,却飞得让大多数健全的人都望尘莫及。人生就是这样,在恐惧中安抚自己不安的心,在失落中收拾自己破碎的情绪,也许下一个瞬间,坠入的无边深渊会忽然在黑暗中闪烁起点点星火。尼克随心所欲,随遇而安,听从自己内心真正的心声去做人、做事,不受任何人、任何事的掣肘,尽情书写着自己的辉煌人生。

人生的道路起起伏伏,每一个人都会面临无数的抉择,会在生活里经历各种各样的挫折。当我们站在人生的十字路口时,难免会产生彷徨、不安的心情,当我们遇到生活里大大小小的难题时,也难免会产生烦恼甚至痛苦的情绪。在那些彷徨的时刻里,我们总是期盼着能获得一种人生的指引,帮助我们从迷茫惶惑中解脱出来,作出正确的决定,抑或能拥有一种生活智慧,坦然从容地面对生活里各种纷繁的事。学习尼克随时、随性、随缘、随喜的人生智慧,自然能在风云变幻的生活中收放自如、游刃有余。

尼克·胡哲经典语录:

"生命中有些东西是我们不能控制和改变的,当你相信没有希望的时候,只是因为你没有看到希望。但不因为你看不见,希望就不存在。"

尼克·胡哲私人秘籍:

人要学会豁达一点,对喜怒哀乐随性一点,随时、随性、随缘、随喜,随遇而安,学会一种快乐的心态,这样你的世界才是美好的。

图书在版编目(CIP)数据

尼克·胡哲:永不放弃的心,比钻石还珍贵/ 文熙著.—北京:中国华侨出版社,2015.9

ISBN 978-7-5113-5669-7

Ⅰ.①尼… Ⅱ.①文… Ⅲ.①胡哲,N.-生平事迹②成功心理-青年读物 Ⅳ.①K836.118.6 ②B848.4-49

中国版本图书馆 CIP 数据核字(2015)第 222817 号

尼克·胡哲:永不放弃的心,比钻石还珍贵

著　　者 / 文　熙
责任编辑 / 嘉　嘉
责任校对 / 孙　丽
经　　销 / 新华书店
开　　本 / 670 毫米×960 毫米　1/16　印张/17　字数/203 千字
印　　刷 / 北京军迪印刷有限责任公司
版　　次 / 2015 年 11 月第 1 版　2020 年 5 月第 2 次印刷
书　　号 / ISBN 978-7-5113-5669-7
定　　价 / 48.00 元

中国华侨出版社　北京市朝阳区静安里 26 号通成达大厦 3 层　邮编:100028
法律顾问:陈鹰律师事务所
编辑部:(010)64443056　　64443979
发行部:(010)64443051　　传真:(010)64439708
网址:www.OVEASCHIN.COM
E-mail:oveaschin@sina.com